格致方法 · 社会科学研究方法译丛

不确定世界中的公共政策

分析和决策

[美] 查尔斯 · F. 曼斯基 / 著　　Charles F. Manski

魏陆 / 译

Public Policy
in
an Uncertain World

Analysis and Decisions

格致出版社　　上海人民出版社

译者的话

查尔斯·曼斯基（Charles F.Manski）是美国当代知名经济学家，1948年11月出生于美国马萨诸塞州波士顿市，他的父亲是二战期间一名犹太人大屠杀幸存者。曼斯基分别于1970年和1973年获得麻省理工学院理学学士和经济学博士学位，1973—1979年任卡内基·梅隆大学经济学助理教授、副教授，1979—1983年任耶路撒冷希伯来大学经济学副教授，1983—1997年任威斯康星大学麦迪逊分校经济学教授，并先后出任该校贫困问题研究中心主任（1988—1991年）和收入动态研究指导委员会主席（1994—1998年），1997年起任美国西北大学经济系教授、校董事会讲席教授。曼斯基从1996年起供职于美国国家研究委员会（NRC），并在1998—2001年间担任非法毒品问题数据与政策研究委员会主席。2009年和2014年先后当选为美国科学院院士和英国科学院院士，他同时也是美国艺术与科学院院士、美国科学促进协会成员。

曼斯基是一位杰出的行为经济学家和计量经济学家。他对社会经济领域的行为选择与决策问题研究做出了卓越贡献，并开启了计量经济学"部分识别"（partial identification）研究的大门，将社会互动理论推上了一个新高峰。2015年，路透社曾报道称曼斯基是当年诺贝尔经济学奖的潜在热门人选。

曼斯基具有高深的数学水平，但是正如其在本书前言中所言，他打算尽可能用文字写一本关于公共政策分析和决策的书。本书介绍了在不确定世界中政策分析的实践和研究者们面临的棘手难题，以及如何做决策才能合理地解决这些困难。多数决策者喜欢点预测，但是曼斯基认为，可信的分析一般都会得出政策结果的区间预测，而不是点预测。在本书中，曼斯基举了很多有趣的例子来说明公共决策面临的艰难选择以及政策分析对公共决策的影响，如死刑对杀人犯的威慑作用，重判少年累犯对其是否再次犯罪的作用，最低工资和失业保险对于就业的作用，以及学前教育对高中教育的作用等。这些例子来源于美国公共政策的实践，令人深思，对于我们了解现实世界中的公共决策非常有帮助。

本人长期从事公共政策决策咨询研究工作，深感本书中所描述的公共决策困境和解决方法同样适用于中国。一方面，在政策分析中，曼斯基所说的确定的论断、冲突的论断、将科学与倡导混为一谈的论断、期望性的推断、不合逻辑的论断、媒体夸大的报道等常见的弊端普遍存在。一些研究分析机构喜欢投政府部门所好，热衷于为政府即将出台或者已经出台的政策提供佐证和诠释，而不是进行科学中立的论证，对公共决策形成了误导。因此，政策研究分析质量亟待提高。另一方面，一些政府部门在决策时通常太过自信甚至自负。他们要求研究机构能够提供确定性的论断，尤其喜欢正面的确定性论断，不喜欢与其理念不一致的论断。这种偏好与要求导致政府的一些政策脱离实际，缺少弹性，易于陷入被动，公共决策水平也亟待提高。在目前这样一个充满不确定性的世界中，公共决策无疑面临很多棘手问题。但是，也确实存在能够提高公共决策质量的科学分析和决策方法。本书非常有助于政府部门官员、社会公众以及公共决策研究者理解公共政策分析和决策方法，提升公共决策水平。

本书由上海市发展改革研究院魏陆研究员翻译，本人曾经翻译过多本英文著作，但毫无疑问这本书是最难翻的，前后历经三年多才得以完成。因为曼斯基打算尽可能用文字描述复杂的公共决策问题，这对于作者来说是个挑战，对于翻译者来说也是一个巨大的挑战。上海交通大学国际与公共事务学院研究生朱鸿、张岩以及贵州大学公共管理学院副教授杨志军承担了本书部分章节的初译工作，具体分工如下：简介和第 1 章(魏陆、朱鸿),第 2—3 章(魏陆、张岩),第 4—6 章(魏陆、杨志军),戴林序对译稿提出了一些修改意见,魏陆对译稿进行了多次校对。

由于译者水平有限,不足之处敬请批评指正。

魏　陆

前　言

当同事们问我过去几年都在忙什么时，我会介绍我正在进行的研究，然后告诉他们，我面临的最大挑战就是我决心尽可能用文字写一本书。他们通常会困惑地看着我，觉得我的想法很奇怪。我向他们解释说，这本书是大众读物，能少用数学专业术语就尽量少用，最好能完全不用。我接着说，社会需要面对政策形成中的不确定性。过去二十年，我主要研究可信的政策分析和决策方法，现在我感到我的观点已经趋于成熟，足以引起社会科学家这一专业团体之外的广大民众关注了。

我已经竭尽全力完成此书，希望结果不辜负我的努力。很高兴再次与哈佛大学出版社的迈克·阿伦森（Mike Aronson）进行合作，在整个写作过程中他都非常信任我。我还要感谢马特·马斯廷（Matt Masten）、约翰·佩珀（John Pepper），以及各位评论者对书稿所提出的宝贵意见。我也十分感谢国家科学基金会（National Science Foundation）通过 SES-0911181 资助项目对本书提供的资金支持。

目　录

导　论

拉姆斯菲尔德和知识的局限性

最近一段时间,唐纳德·拉姆斯菲尔德(Donald Rumsfeld)已经充分向我们展示了在不确定世界中做出正确公共决策的艰巨性。拉姆斯菲尔德在联邦政府中担任过很多职位。他最后一次任职是 2001—2006 年间出任国防部长,但是最终在一片争议声中离任。他坦陈自己的知识是有限的,但是人们之所以记住他,或许是因为他对一个重大政策结果所做出的非常错误的预测。

拉姆斯菲尔德规则(Rumsfeld's Rules)很好地说明了他认为知识是有限的这一观点。这一规则已经在华盛顿官员中流传了多年,其中一点是"学会说'我不知道'。如果恰当使用这一点,通常会很奏效"(Rumsfeld,2001)。

2002 年初,当国防部长拉姆斯菲尔德在记者招待会上回答记者们关于伊拉克问题的提问时,他可能就为认识论做出了不可磨灭的贡献。记者的问题和他的回答内容如下(U.S. Department of Defense,2002):

> 记者:"部长先生,请问我能否就您刚才所说的话提一个问题:对于伊拉克的大规模杀伤性武器和恐怖分子,是否有证据证明伊拉克已经尝试或者愿意为恐怖分子提供大规模杀伤性武器呢? 因为有报道称并没有证据表明巴格达与恐怖组织有直接联系。"

拉姆斯菲尔德："我一向对尚未发生事件的相关新闻报道很感兴趣，因为正如我们所知，世上有一些已经众所周知的事，有一些我们知道是已知的事，还有一些我们知道是未知的事——即已知的未知，但还有一些我们不知道是未知的事——即不知的未知。只要我们纵观一下我国和其他自由国家的历史，就会发现探索不知的未知往往更困难。"

拉姆斯菲尔德并不是第一个把"已知的未知"（known unknows）和"不知的未知"（unknown unknows）这两个概念区分开的人，但是他在一个重大政策背景中准确地描绘出了两者的区别。

然而，2002年末，拉姆斯菲尔德信心满满地对伊拉克未来战争的持续时间做出了一个令其臭名远扬的预言（Rumsfeld，2002）。他说："虽然今天我无法准确地告诉你，我们当下对伊拉克使用的武力将持续五天、五周还是五个月，但是它最长将不会超过五个月。"尽管拉姆斯菲尔德对战争持续时间长短的预测已经体现出了不确定性，但是正如我们现在所知，即使将他预测的时间上限从五个月延长到五年，仍然是太短了。

使用政策分析做出明智的决策

正如拉姆斯菲尔德确信伊拉克战争的持续时间一样，政治家们通常确信他们所提出的政策会得到令人满意的结果。虽然他们很少提供证据，但是有时他们也会引用学术研究者、政府机构中的政策分析师和私人智库发表的一些正合其意的研究成果。我们经常可以看到，一些政策倡导者常常声称"研究已经表明"该政策将会是受欢迎的。

读者也许认为，作为一个关注公共政策的经济学家，我应该赞成使用已有研究成果帮助我们做出正确的政策选择。我确实赞成——如果该研究的逻辑合理、秉持的假设可信，则该研究成果将确实有助于政策制定。

无论如何,研究者通常对不同政策决策的后果表现出确定性。准确预测结果很常见,但是表明不确定性很少见。然而,政策预测常常是脆弱的。如果结论是基于批判性的、毫无根据的假设或者跳跃性的逻辑做出的,那么政策分析的可信性就不靠谱了。

我希望推动政策分析,使其远离不可信的确定性论断,用不完备知识如实描述现实世界。在一系列关于方法论的研究中(Manski,1990),我已经提醒过,在分析和提出决策建议时,不要使用强到不可信的强假设。我敦促政策分析师们想想,当将可得的数据与可信的假设结合在一起时,我们从中能得出什么结论。分析结论通常是政策结果的区间预测(interval predictions)。我展示了区间的形式是基于数据和假设的。我也表明了运用有限的关于政策结果的知识进行政策选择是合理的。我还强调,如果一个人只掌握了关于政策结果的不完备知识,那么他选择的政策只能说是合理的而不能说是最优的,除非他掌握了完备的知识。

我在很多专业期刊论文中阐释了这一方法论的研究计划,同时也在几本著作(Manski,1995,2003,2005a,2007a)和一篇综述文章(Manski,2011a)中向读者们说明了该计划。随着该计划的逐步成熟,我愈发觉得,除了愿意和能够阅读专业文献的人之外,它也引起了更广泛的大众读者的关注。因此,我决定撰写本书。

但愿我的这本书能够被大众接受,包括那些不具备经济学家般数学知识的人。故此,在写作中我考虑到了公共政策与社会科学专业的本科生和硕士生,考虑到了授权、执行或分析政策的公务员,也考虑到了制定政策的政府官员,还考虑到了向大众描述和解释政策的新闻记者,甚至考虑到了想要深入思考政策选择的公众。

写这样一本既严肃又通俗易懂的书是一个挑战。这本书几乎全用文字写成,这意味着我必须竭尽全力用文字解释我的观点,而不能用我擅长的数学公式。但是在一些地方我仍然决定用一点基础逻辑或代数,这可以弥补语言表达的不足。为了表明这些资料的重要性,我讨论了大量的政策问题——包括死刑、所得税、药品审批和疫苗注射。

我期望那些已经掌握了本科微观经济学和概率推理基础课程基本

要义(不是那些技术细节)的读者们能够完全理解我的观点。我也希望那些没有相关知识的读者能够理解我对概念和方法的解释。我意识到，一个人初次理解这些概念时会感到非常困难。但是经验说明，只要读者深入思考，最初陌生的概念就会逐渐变得熟悉和明晰。无论如何，本书是为所有想花时间认真阅读相关资料的读者们准备的，不是一本供休闲读者在机场书店看的流行社会科学读物。

本书结构

第一部分包括第 1 章到第 3 章，描述了政策分析的实践和研究者们面临的棘手难题。我认为可信的分析一般都会得出政策结果的区间预测而不是点预测。第二部分包括第 4 章到第 6 章，剖析了当政府仅仅掌握关于政策结果的不完备知识时，应该如何合理地做出政策决策。

第 1 章主要是基于我发表的一篇文章(Manski, 2011b)，描述了研究者喜欢运用强到不可信的强假设得出确定性的政策发现。我给出了六个例证，它们促成了不可信的论断(incredible certitude)：传统的论断(conventional certitude)、冲突的论断(dueling certitudes)、将科学与倡导混为一谈的论断(conflating science and advocacy)、期望性的推断(wishful extrapolation)、不合逻辑的论断(illogical certitude)和媒体夸大的报道(media overreach)。这一章解释了当前政策分析实践中我不喜欢的部分，但是仅有批评是不够的，我必须提出建设性的替代做法。这是接下来的任务。

在一个理想世界中，不从事方法论研究的非专业人士很容易就信任政策分析的结论。然而，第 1 章中描述的实践表明，政策分析的消费者不能完全信任专家。因此，公务员、新闻记者和对此感兴趣的社会公众只有充分理解预测方法，才能对报告中的调查结果进行评估。所以，第 2 章和第 3 章介绍了多种运用强假设得出有力结论的传统方法。此外，我还描述了自己研究出的方法，即如何运用较弱假设得出区间预测。

第 2 章剖析了那些使预测政策结果变得十分困难的基本推断难题,因为缺少反事实(counterfactual)数据——如果没有实施这一政策,结果会怎么样。我先粗略介绍与处理反应(treatment response)相关的分析,然后我设定了一个相对简单的环境,让研究者观察一个研究总体中不同成员的处理结果,其中一些人接受的是一种处理方法,其余人接受的是另一种处理方法,其目标是预测如果设定的政策要求每个人都接受相同的处理方法,会得到什么结果。

我描述了研究者如何把所得到的有关研究总体的结果数据与所提出的假设结合在一起来预测政策结果,其中的假设就是研究总体对政策有完全相同的处理反应。一些假设认为,不同人对处理的反应是相同的。另一些假设则认为,不同组别的人对处理的反应是相同的。后者促成了随机实验。

为了阐明如何分析处理反应,我讨论了那些旨在了解各种处理效果的研究。我描述了很多分析,包括死刑对杀人犯的威慑作用,重判少年累犯对其是否再次犯罪的作用,最低工资和失业保险对于就业的作用,以及学前教育对高中教育的作用等。

第 3 章继续研究政策结果的预测,所要说明的问题比第 2 章更具挑战性。同样,困难在于当一项政策要求强制实施某种处理时,如何预测可能出现的结果。新的挑战在于在接受观察的研究总体中,还没有人接受过即将强制实施的处理。第 2 章中所研究的相同反应假设也无法预测一个全新处理可能带来的结果。

通过假设个体会如何对处理做出反应,我们可以使做出预测成为可能。试图预测人们对新政策行为反应的经济学家一直沿用此法。我描述并批评了显示性偏好分析(revealed preference analysis)这一经济学方法,这一方法将理性选择行为基本假设与人们偏好的具体假设结合在一起。为了证明这一点,我讨论了旨在了解所得税如何影响劳动供给以及联邦财政援助政策如何影响大学入学率所进行的相关研究。

在第一部分,我已经解释了预测政策结果是一件很困难的事情。在第二部分,我将考虑如何做决策才能合理地解决这些困难。第 4 章探讨由规划者(planner)做出的政策选择。规划者是一个真实的或理想化的、维护社会利益的决策者。我用决策理论的基本原理来构建只掌握不完备知识的规划难题。这些原理不能为不确定世界中的政策选择提供一套完备的指导。相反，它们明确表明不存在唯一正确的应对有限知识的方法，而是存在许多合理的方法。为了论证这一点，我讨论当警察不完全了解搜查的威慑作用时，会如何选择和寻找犯罪证据。同时，我也在考虑，如果公共卫生规划者只掌握有限的疾病传播知识，会如何选择预防传染病的疫苗接种政策。

第5章将只掌握不完备知识的规划框架运用到如何给一个目标总体分配两种处理方法这一棘手问题上。我建议采用多元化处理选择(diversified treatment choice)策略应对不确定性，并逐渐减少不确定因素。金融多元化投资一直是常用的投资组合配置方法，投资者用这一方法在一系列未知回报的投资中配置资金。我认为，如果一个社会必须处理一群人但又不知道最好的处理方法时，多元化或许是具有吸引力的方法。

如果所承担的任务是按顺序处理一连串的新群组，那么处理方法多元化就更有用。此时我们可以从学习中受益，对前面群组处理结果的观察有助于后续群组处理方法的选择。我指出，多元化方法有利于从中学习，因为人们接受的处理方法是随机分配的，从而产生了随机实验。这使得我引入了自适性的多元化(adaptive diversification)概念，即经过一段时间之后，随着处理反应的信息积累，社会将改进其对处理方法的分配方式。为了说明这一问题，我研究了集中的卫生保健系统中医疗方案的供给方式，以及美国食品药品管理局(FDA)的药品审批程序。

第6章将第一部分和第二部分联系起来。我讨论了在现代社会中政策分析和决策制定的隔离机制(institutional separation)。此外，我建议社会将政策分析与决策之间的关系看作一个处理反应问题。替代目前政策分析的方法是采取多元化处理方式，社会关注的是决策质量。

第一部分　政策分析

1 基于不可信论断的政策分析

一开始,我区分了政策分析的逻辑和可信度之间的差异(1.1节),并引用了关于论断的争论(1.2节)。然后,我对产生不可信论断的做法进行了分类。我将这些做法称为传统的论断(1.3节)、冲突的论断(1.4节)、将科学与倡导混为一谈的论断(1.5节)、期望性的推断(1.6节)、不合逻辑的论断(1.7节)和媒体夸大的报道(1.8节)。对于每个做法,我都举例加以说明。

1.1　政策分析的逻辑和可信度

跟所有实证研究一样,政策分析将假设和数据结合在一起,得出关于一个目标总体的结论。实证推断的逻辑关系可概括为如下公式:

$$假设＋数据→结论$$

仅有数据并不足以得出结论,要想做出推断(inference)还需要能够将数据和目标总体联系在一起的假设。(有人可能会问,理论在推断逻辑中起到什么作用。理论和假设是同义词。我主要使用后者,但是保留前者用于更广泛的系统假设。其他与假设有关的同义词还有假说、前提假设、假定。)

如果掌握了数据,并且避免了逻辑上的错误,越强的假设可以得出越确定的结论。在极端情况下,如果提出的假设足够强,就会得到确定的论断。实证研究的根本难题在于决定秉持什么样的假设。

既然人们喜欢确定的结论，那么人们为什么不坚持强假设呢？原因在于假设的力度与结论的可信度是对立的。我将其称为：

可信度递减法则（The Law of Decreasing Credibility）：依据的假设越强，所做出的推断越不可信（Manski，2003，p.1）。

这个"法则"意味着分析师在决定秉持何种假设时面临着两难境地：虽然越强的假设得出的结论越确定，但是这一结论的可信度也越低。

我将在全书中使用可信度（credibility）这个词，但是我必须把它视为一个与其原本定义不同的原始概念。第二版《牛津英语词典》（OED）将可信度定义为"可以被信任的品质"（quality of being credible），又把"可信的"（credible）解释为"可以相信的，值得相信的"（believable）。《牛津英语词典》又把"值得相信的"（believable）解释为"能够让人相信的；可信的"（credible）。因此，兜一圈又回到了原点。

不论可信度是什么，它都只是一个主观概念。每个人都基于自己了解的情况评估可信度。当研究者们基本认可某些假设或结论的可信度时，他们达成的也许只是"科学共识"。如果把科学共识硬拔高成一个"真相"或"科学真理"，这就过头了。共识并不意味着真理。草率的科学共识有时会阻止研究人员继续探索卓有成效的思想。

分歧时有发生。事实上，它们可能会一直存在，无法完全消除。当一个假设无法被驳倒（nonrefutable）时——即如果可供选择的假设与可用的数据十分吻合，持久的分歧就特别常见。仅就逻辑而言，如果忽略可信度，一个分析师可以提出一个无法被驳倒的假设，并坚持这个假设永远不会被推翻。事实上，他可以推卸举证责任，声称"我将坚持这个假设，除非有人证明它是错的"。观察者可能会质疑此类假设的可信度，但不会质疑它所依据的逻辑。

例如，长期以来，美国社会一直在争论用死刑惩罚谋杀犯的威慑作用到底有多大。存在分歧的部分原因是用可得数据进行的实证研究未能解决这一争论。在这种情况下人们很容易把他们的个人信念当作假说提出来，由于这个假说凭经验是不能被推翻的，他们由此认定，如果他们个人的信念是正确的,社会就得照此行动。因此,那些相信死刑没有威慑作用的人会声称,如果缺乏证明死刑具有威慑作用的可靠证据,社会应当按照死刑没有威慑作用这一前提采取行动。反之,那些相信死刑确实有威慑作用的人会认为,如果没有关于死刑不具有威慑作用的可靠证据,社会应该按照死刑确实有威慑作用这一前提采取行动。我将在第 2 章深入讨论威慑与死刑。

1.2 对确定性论断的激励因素

为了说明可信度与假设强度之间存在冲突,研究人员可以提出不同可信度条件的备择假设,并决定每种情形下的结果。实际上,为了得到确定的结论,政策分析往往会牺牲可信度。何以会如此呢?

一个最接近的答案是分析师会对激励做出反应。之前我是这样描述的(Manski,2007a,pp.7—8):

> 科学界奖励那些提出强有力的新奇发现的人。公众对解决迫切的问题缺乏耐心,所以欢迎那些仅提供了简略分析但提出明确政策的人。这激励研究人员坚持远超出合理解释程度的强假设,他们这么做就是为了得出强有力的结论,但是这一做法容易产生误导。
>
> 在华盛顿,似乎有巨大的压力要求人们给出不带任何限定条件的答案。有个也许是虚构但非常符合实际情况的故事:一位经济学家试图向林顿 B.约翰逊(Lyndon B.Johnson)总统说明预测的个确定性。这位学者在讨论中提出,对于讨论中的数字,他的预测是一个可能的范围。据说约翰逊总统听了以后答道:"我要的不是范围,是具体数值。"

当一位像约翰逊一样强势的总统追求一个准确的预测数值而不容

许存在不确定性时，总统顾问们不得不依此行事是完全可以理解的。

杰瑞·豪斯曼（Jerry Hausman）是我的一位长期从事计量经济学研究的同事。在1988年的一个会议中，他听了我关于基于可信假设的政策分析的初步结果时说："你不能只给客户一个范围，因为客户需要的是一个点。"（一个范围指的是一个序列或一个区间，一个点则是一个精确的预测。）

豪斯曼的说法反映了一种观念，我发现这种观念在经济顾问中很普遍。他们坚信政策制定者或者是心理上不愿意，或者是认识到无法应对不确定性。因此，他们认为实用主义要求提供点预测，尽管这些预测也许是不可信的。

关于确定性论断的心理——认知争论源自一个理性假定——政策制定者像其他人一样，对未知的接受意愿或能力是有限的。然而，我认为这个假定太过绝对，不能由此得出"客户需要一个点"这一普遍性结论。可能一些人喜欢以完全确定性的方式思考问题，但是相当多关于评估预期的研究表明，当要求他们这么做时，大多数人做出的是明智的概率性预测（进一步的讨论和参考资料详见第3章）。我认为没有理由相信政策制定者的能力比普通人的差。

1.2.1　科学哲学中对确定性论断的支持

分析师应该提供点预测这一观点并不是只有美国总统及其经济顾问们才有，它在科学哲学中早已存在。

五十年前，米尔顿·弗里德曼（Milton Friedman）在一篇非常有影响的方法论文章中已经表达了这一观点。弗里德曼（Friedman，1953）把预测作为科学的核心，他写道（p.5）："实证科学的终极目标是拓展'理论'或'假设'，得出关于尚未观察到的现象有效且有意义的（即不同寻常的）预测"。他接着又写道（p.10）：

> 在同样符合可得证据的多个备择假设中做出选择，在某种程度上必然是武断的，虽然人们都同意以"简单"和"有用"为衡量标

准,但是这些概念本身就完全违背了客观标准。

因此,弗里德曼忠告科学家仅选择一个假设(也就是说,做一个强假设),尽管这可能需要使用"在某种程度上有点武断的"标准。他没有解释为什么科学家应该在许多假设中仅选择一个。他也不认为科学家可以在诸多看似合理的假设中得到与可得证据一致的预测。

上述观点对弗里德曼来说并不奇怪。可以用奥卡姆剃刀定律(Ockham's Razor)*解释研究者为何应该秉持一个特定假设,这一中世纪哲学宣扬"若无必要,勿增实体"。《大英百科全书》在线版(Encyclopaedia Britannica Online,2010)对这个神秘宣言给出了现代常见的解释:"原则就是从简,如果存在两个彼此冲突的理论,哪个理论对实体的解释最简单就选择哪个。"哲学家理查德·斯温伯恩(Richard Swinburne,1997,p.1)写道:

> 我努力表明,在其他条件相同的情况下,在解释某一现象所提出的诸多假设中,最简单的那个假设更可能是最真实的,它所做出的预测比其他假设更可能正确,这是一个终极先验认知原则,即简单是真理的证据。

上面所提供的选择标准与弗里德曼给的选择标准都是模糊的。《大英百科全书》和斯温伯恩所说的"简单"是什么意思呢?

无论人们如何使用各种哲学名言来强调应该选择单一假设,哲学思想与政策分析的关联性都是不明显的。在政策分析中,知识有助于做出好决策这一目标的实现。当哲学家讨论知识的逻辑基础和人类的知识结构时,他们并没有提出这个或另一个明确的目标。依据诸如"简单"这样的标准,从符合证据的诸多假设中仅选择一个假设,有助于我

---

　　* 奥卡姆剃刀定律由 14 世纪逻辑学家、圣方济各会修士奥卡姆的威廉(William of Occam,约 1285 年至 1349 年)提出,即"简单有效原理"。——译者注

们做出明智决策吗？这个问题与政策分析相关。据我所知,哲学家并没有解决这个问题。

1.3 传统的论断

约翰·肯尼思·加尔布雷斯(John Kenneth Galbraith)使传统观点(conventional wisdom)这个术语广为人知,他写道(1958,chap.2):"如果能用一个名称称呼那些无论何时都被人们认同并接受的思想,那么以后要描述它们时就会很方便。这个名称应该强调预见性。此后,我将把这类思想称作'传统观点'。"维基百科(Wikipedia,2010)很好地对其进行了解释:

> 传统观点(CW)被用来描述一种想法或解释,这种想法或解释被公众或某个领域的专家普遍认为是正确的。这个术语意味着尽管这些想法或解释被广泛认可,但它们仍然未被证实,因此,需要根据进一步的检验或者事态发展对其重新进行评估。也就是说,传统观点未必是百分之百正确的。

我将使用传统的论断这一术语来描述那些普遍被认为是正确的预测,但是这些预测未必是百分之百正确的。

1.3.1 美国国会预算办公室对待决法案预算影响的评估

在当今美国,传统的论断很好地体现在了国会预算办公室(Congressional Budget Office,CBO)对于待决联邦法案的预算影响评估中。我将以此作为拓展案例展开讨论。

CBO 是根据 1974 年通过的《国会预算法案》成立的。该法案第 402 条规定(参见众议院预算委员会,2008,pp.39—40):

国会预算办公室(CBO)主任必须以可行方式准备每个将由众议院或参议院委员会提交的议案或决议(拨款委员会呈报的除外),并向上述委员会提交该议案或决议生效财政年度及其后四个财政年度内,因执行该议案或者决议所需费用的年度评估报告。并且,需要一并提交做出该预测的依据。

上述内容可以被解释为,CBO 必须提供待决法案预算影响的点预测(具体数字)。虽然 1974 年的《国会预算法案》仅要求对未来五年的预算影响进行预测,但是最近的做法已经开始预测未来十年的预算影响了。CBO 主任把预测结果呈报给国会领导人和国会委员会主席。尽管待决法案经常给联邦法律带来复杂的改变,并且这些改变所导致的预算影响很难被估计,但是 CBO 的预测结果没有考虑不确定性。

严肃的政策分析师承认,对于复杂法案预算影响的预测结果得到的都是脆弱的数字,因为它出自无数站不住脚的假设。在预测税法变化对联邦政府收入的影响时,奥尔巴赫(Auerbach,1996)写道:"在很多情况下,不确定因素如此之大,以至于人们报告的数目可以是所估计数目的两倍,或者仅是其一半。"

如果所提出的法案可以通过改变对工作、雇佣和购买的激励从而显著改变个人和公司的行为,那么做出可信的预测将是十分困难的。一些学院派经济学家长期致力于研究公共政策的某一特定要素如何影响个人和公司的行为,但仅取得了有限的进展。CBO 分析师们面临的挑战更为艰巨,他们必须预测可能发生的复杂法律变化对预算的影响,而且必须在短时间内做出预测。

尽管如此,CBO 的预算影响评估结果仍然在美国社会中得到了广泛认可。在极具争议的政治时代,民主党和共和党的国会议员们一直都热切期待着待决法案的预算影响评估结果。媒体报道很大程度上只体现了评估结果本身,而没有深究其是否正确。

1. 2010 年《患者保护与平价医疗法案》的预算影响评估

CBO 为 2009—2010 年颁布的主要保健法案所做的预算影响评估

很好地说明了目前的做法。在整个立法过程中，美国国会和媒体都密切关注各个国会委员会所考虑的不同议案的预算影响评估情况。高潮发生在 2010 年 3 月 18 日，CBO 在国会税收联合委员会（Joint Committee on Taxation，JCT）工作人员的协助下，对 2010 年《患者保护和平价医疗法案》以及调整法案的预算影响进行了评估。CBO 主任道格拉斯·埃尔门多夫（Douglas Elmendorf，2010a，2）写信给众议院议长南希·佩洛西（Nancy Pelosi）时说："CBO 和税收联合委员会估计，如果通过这两项法案，由于其对支出和收入的直接影响，2010—2019 年间的联邦财政赤字会减少 1 380 亿美元。"

任何人只要认真考虑一下这项法案将导致的诸多联邦法律的变化，都应该认识到 CBO 所做的财政赤字将减少 1 380 亿美元这一预测只不过是一个非常粗略的估计。然而，埃尔门多夫写给佩洛西的 25 页信中却没有指出这一预测结果是不确定的，也没有说明估计这个数字所采用的方法。

媒体的报道很大程度上接受了 CBO 的评估结果，这就是传统的论断的特点。例如，《纽约时报》2010 年 3 月 18 日的一篇文章说明了 CBO 所做的预算影响评估在立法过程中所起的关键作用（Herszenhorn，2010）："周四由 CBO 公布的关于最终法案的初步成本估算表明，总统几乎完全达到了他的预期目标：法案中扩大新保险覆盖面的条款需增加支出 9 400 亿美元，同时未来 10 年可以削减联邦赤字 1 380 亿美元。"《纽约时报》的文章没有质疑 9 400 和 1 380 这两个数字的可信度。

有趣的是，当进行比十年更长期的预算影响评估时，CBO 就会表现出极大的不确定性。埃尔门多夫主任在给佩洛西的信中写道（p.3）：

> 虽然 CBO 一般不提供超出十年的成本估计，但是一些国会规则要求对少数法案今后几十年的预算影响进行预测……因此，CBO 已经制定了一份粗略的 2010—2019 年之后十年的预算影响前景展望……我们的分析表明，如果参议院通过了 3590 号决议，则该决议将会在 2019 年之后的十年中减少联邦财政赤字，幅度会在国内生产总值（GDP）的 0.25 至 0.5 之间，波动区间很大。

从 3 月 19 日 CBO 主任写给国会议员保罗·瑞安(Paul Ryan)*的信中,可以进一步了解 CBO 做出十年期预测和更长期预测之间的区别(Elmendorf,2010b,3):

> 从更长远的时间跨度来看,一份与十年期预算一样详细的逐年预测是没有意义的,因为其中存在巨大的不确定因素和变数。人们的健康状况、保险范围、医疗保健的提供方式(如医学研究、技术进步、医生诊疗方式的变化)等诸多因素都可能会发生很大的变化,这些变化在现行法律和未来可能的法律变革中都很难预测,但是其对预算的影响是巨大的。

因此,当要求 CBO 对卫生保健法案十年之后的预算影响进行预测时,它会很快承认预测的不确定性,强调它的预测是一个"很大的范围",而不是一个精确的数字。

为什么 CBO 在这个时候才表露出不确定性呢? 长期预测或许比短期预测更加不确定,但是以十年为分割点是不合理的,不能说十年之内的预测就是确定的,超出十年的预测就是不确定的。埃尔门多夫在给瑞安的信中提到,新法令通过后,人们的潜在行为,尤其是保险范围和医生的诊疗方式,会发生很大变化。

与 CBO 专业人员讨论了法案的预算影响评估结果之后,我确信埃尔门多夫主任已经意识到,提供给佩洛西议长的十年期预测数据只是一个粗略的估计。但是他不得不遵循 CBO 的一贯做法,用确定性表述给出十年期预测,这个预测将在国会预算过程中发挥重要作用。

在美国卫生和公共服务部(Department of Health and Human Service,HHS)的一份文件(Foster,2010)中,相似的矛盾十分明显,即公开表露的是确定性,私下却承认不确定性。该文件报告了对卫生保健法案预算影响的独立评估结果。与 CBO 主任的信一样,该文件提

---

* 美国众议院预算委员会主席,2012 年美国共和党副总统候选人,2015 年当选为众议院议长。——译者注

供的是点预测结果，而没有表明这一结果的不确定性。然而，美国卫生和公共服务部却口头提醒(p.19)该预测结果是不确定的：

> 鉴于国家卫生改革立法面临重大挑战，我们的预测结果可能不同于其他专家和机构。不同预测者所做的评估结果的差异或许会令政策制定者无所适从。然而，这些差异提醒我们：所有这些预测结果都是不确定的，将来的实际影响也许会显著不同于任一机构的预测。事实上，未来的成本和覆盖面影响可能完全就不在众多预测者所提供的预测范围之内。

2. 可信的区间预测

自 1974 年设立以来，CBO 一贯秉持中立，受到民众赞许。在对待决法案的预算影响进行预测时，也许最好的做法就是让其独立决策，并继续表现出对自己预测结果的确定性，即使这一确定性仅是传统做法，且未必可信。

虽然我理解保持现状对 CBO 而言具有诱惑性，但是我仍然认为这样做是不明智的。我相信，如果 CBO 提供的是关于预算影响的可信区间预测(credible interval scoring)，那么国会将能做出更好的决策。无论这一期望是否合理，我都相信迟早有一天，让 CBO 提供确定性预测这一做法会被打破。传统的论断缺乏基础，这一做法不可能一直持续下去。我认为对于 CBO 来说，为了维护自己的声誉，在让国会或媒体中一些心怀不满的机构指责其自欺欺人之前，它不如率先采取行动。

有人建议，在履行立法预算影响的评估职责时，可以要求 CBO 仅仅提供一个点估计。例如，在 2005 年的一篇文章中，CBO 分析师本杰明·佩奇(Benjamin Page，2005，p.437)写道：

> 预算影响评估在联邦预算过程中意义重大。根据 1974 年的《国会预算法案》，CBO 要为国会委员会上报的每项立法提供一个成本估计或"预测"……，本质上来说，成本估计必须是一个点估计。

然而,依我对《国会预算法案》的理解,当其要求 CBO 履行预测职责时,并不禁止其表明不确定性。

一份国会预算文件描述了修改 CBO 预测规则的过程,众议院预算委员会(2008,p.156)写道:

> 众议院和参议院预算委员会、国会预算办公室、管理和预算局("评估者")使用的这些预算评估指导原则,遵循了 1974 年的《国会预算法案》(CBA)中的相关规定,以及之后对其进行的修订。指导原则的目的是确保评估者在预测法案的财政赤字影响时,遵循已经建立的评估传统,符合对自由支配支出、强制性支出以及收入的特别要求。评估者应该每年对这些规则进行审查,并且在必要时对其进行修订。除非所有评估者一致同意,否则该规则不得变更。只有经评估者协商后,才能对新出现的账目或事务进行分类。只有经所有评估者同意,才能对已有的事务和账目进行重新分类。

上述文献表明,CBO 不能单方面改变预测规则,只有经每个评估者都同意,才可以改变这一规则。

假定 CBO 在预测时可以表明不确定性,那么它应该怎么做?这个问题没有唯一正确的答案,提供文字描述或者概率性的预测都可以。鉴于提供的数据以及要求预测结果既直观又有参考价值,我建议提供关于一项法案预算影响的区间预测。根本上说,这种方法只需要 CBO 给出一项待决法案预算影响的两个数值:一个高数值和一个低数值,并将两个数值同时上报给国会。如果 CBO 为了遵守惯例必须提供一个点预测,它可以这样做——在区间预测内选择一个点。

区间评分结果(interval scoring)并不完全是一个全新的想法。在前面提到的文章中,艾伦·奥尔巴赫在文章中就曾简略地提过这一概念。奥尔巴赫(Auerbach,1996)写道:"预测者可以对其做出的估算提供自己主观的置信区间,这些额外信息应该对政策制定者有所帮助。"他接下来提醒说:"但是问题在于,没有经过正规统计学训练的立法者如何能够很好地把握置信区间这一概念。"

CBO 不需要像正规统计理论中的置信区间那样来描述区间预测，因为在正规统计理论的置信区间预测中，需要对那些来自小范围观察样本中的不确定性知识进行概括。实际上，预算影响的不确定性不是由统计因素导致的，也就是说，这一不确定性不是从部分样本推及总体产生的问题。确切地说，问题在于分析师在进行预测时不确定什么假设是最接近实际的。我认为，把 CBO 的区间预测作为敏感性分析的结果更为合适，在假设不变的情况下，这样的结果说明了预测对于可能变数的敏感度。

3. 国会可以解决不确定性吗？

当我向其他经济学家和政策分析师提议让 CBO 使用区间预测方法时，我会得到完全不同的回应。学者们通常会积极响应，但联邦政府工作人员往往对此表示怀疑。事实上，CBO 前主任道格拉斯·霍尔茨·埃金（Douglas Holtz-Eakin）告诉我，他预计如果 CBO 提供区间评估结果，国会将会对此极为不满。

我所听说的反对区间预测的理由有两种。一种理由与 1.2 节中讨论过的心理认知因素有关。另一种理由是国会不是单一个体，而是由不同信仰和不同目标的人组成的一个集体，在政治决策过程中必须共同做出政策选择。因此，国会决策可以被称为一场博弈。

在这一博弈中，通常的经济学假设——信息越充分，产生的决策越有效——未必不适用。拥有更多信息的一方可能会采取导致更好或更糟结果的策略，采取何种策略取决于博弈的结构和参与者的目标。

将国会的政策选择看作一场博弈的观点反驳了一个一厢情愿的想法：即认为如果国会得到了可信的区间预测结果，就一定会做出更好的决策。因此，博弈理论不支持 CBO 应当提供可信的区间预测这一观点。当然，这一结论仍有待检验。

1.3.2 英国标准

奇怪的是，在英国伦敦，对政府预测不确定性的反感不像在华盛顿特区那么强。自 1996 年以来，英格兰银行定期发布通货膨胀概率预测报告,这一预测用一个"扇形图"直观表示可能的通货膨胀率(Britton,Fisher and Whitley,1998)。这种扇形图既简明又翔实地阐释了预测的不确定性。

最近,该做法已经成为正式的政府政策,要求政府对其向国会提交的法案进行预算影响评估(impact assessment,IA)。政府特别要求进行敏感性分析,在机构预算影响评估指引(Department for Business,Innovation and Skills 2011,p.23)中指出:"为了反映成本与收益预测中固有的不确定性,你必须提供一个估值范围。"

由此可见,英国政府预测的标准不同于美国。我不清楚为什么会这样。

1.4 冲突的论断

著名评论家、CBO前主任道格拉斯·霍尔茨·埃金并不认可CBO所做的卫生保健法案将削减1 380亿美元联邦预算赤字这一预测。这在众多评论家中是极其多见的。他不同意CBO的预测,并且提出了自己的观点(Holtz-Eakin,2010):"事实上,如果你去掉所有的噱头、预算游戏并再进行一次微积分运算,将会得出完全不同的结果:卫生保健改革法案不是减少,而是增加了5 620亿美元联邦赤字。"CBO和霍尔茨·埃金的预测结果差距极大,高达7 000亿美元(=5 620+1 380)。但是他们的预测结果都具有确定性这一共同特征,两者都是确定的表述,都没有表明预测的不确定性。

这是冲突的论断的一个示例。霍尔茨·埃金并没有断言CBO犯了逻辑上的错误,他质疑的是CBO所坚持的假设。他宣称如果基于他认为的假设,得出的结果会完全不同。虽然每个预测在各自假定条件下可能都讲得通,每个可得数据与其假设结合在一起都能得出符合逻辑的结果,但是两个预测结果大相径庭。

如果你熟悉华盛顿内部惯用的政策分析做法(当然该做法也用于

外部)，就能立刻理解什么是冲突的论断。接下来，我将利用十年前我执掌一个国家研究委员会时关于非法毒品政策的经验说明以上观点(National Research Council，1999，2001)。

1.4.1 兰德公司和国防分析研究所对非法毒品政策的研究

20 世纪 90 年代中期，两项关于可卡因控制政策的研究在联邦政府应对非法毒品的政策讨论中发挥了重要作用。其中一项研究是由兰德公司(RAND)的分析师完成的(Rydell and Everingham，1994)，另一项研究是由国防分析研究所(Institute for Defense Analyses，IDA)的分析师完成的(Crane，Rivolo and Comfort，1997)。这两项研究对可卡因控制政策提出了类似的预计目标，即都要把本国可卡因消费量减少 1%。这两项研究都估算了采取某些政策实现这一目标的货币成本，但是由于两个机构所采用的假设和数据不同，因此得出了非常不同的政策结论。

兰德公司研究人员建立了一个可卡因供求模型，用其描述生产者和使用者的复杂交互作用，以及不同的可卡因控制政策将如何微妙地影响可卡因消费和价格。他们用这个模型评估各种需求和供给控制政策，得出以下结论(p.xiii)：

> 分析的目标是使今后十五年的可卡因减少量相当于当前年度消费量的 1%。实现这一目标最具成本-效果的计划是在第一个预测年度中把新增控制项目的支出降至最低。实现预定的可卡因消费减少量所需新增项目的成本为：可卡因来源国控制项目需要 7.83 亿美元，查禁项目需要 3.66 亿美元，加强国内执法项目需要 2.46 亿美元。又或者，采用戒毒治疗项目需要 3 400 万美元……要减少同等数量的可卡因消费量，即使是成本最低的供给控制项目(国内执法项目)所需的花费也相当于需求控制项目(戒毒治疗项目)的 7.3 倍。

国防分析研究所的研究人员研究了可卡因来源区查禁活动和可卡因零售价格时间序列的相关性。他们得出了一个完全不同的政策结论（p.3）：

> 一个关于"成本-效果的粗略估计表明,通过查禁来源国的可卡因供给将其消费量减少1%,所需的成本大约是每年几千万美元,而非兰德公司研究报告所称的近10亿美元。导致这一差异的主要原因是早期研究没有考虑查禁活动强加给贩毒者的主要成本,并且高估了实施查禁措施的成本"。

因此,国防分析研究所的研究成果明确反驳了兰德公司的主要结论。

当这一预测差异出现时,兰德公司和国防分析研究所的研究结论让大家注意到了不同部门正在进行的对毒品管制活动联邦资金的争夺。兰德公司的研究表明,资金应该更多地用于戒毒治疗项目,减少用于打击毒品生产或查禁毒品运输项目的支出。国防分析研究所的研究在某种程度上被认为是对兰德公司研究结果的重新分析,其研究结果表明,对毒品查禁活动的资助力度应该保持目前水平,或者应该比现在更高。

在一次国会听证会上,国家毒品控制政策办公室（Office of National Drug Control Policy，ONDCP）主任李·布朗（Lee Brown）使用兰德公司的研究成果支持加强戒毒治疗项目（Subcommittee on National Security, International Affairs, and Criminal Justice, 1996, p.61）：

> 现在让我来谈谈我们知道的关于如何解决毒品问题的手段。有令人信服的证据表明,戒毒治疗项目非常具有成本-效果性,对公共安全意义重大。1994年6月,兰德公司的一项研究认为:戒毒治疗项目是最具成本-效果性的禁毒措施。

在两年后一个有关国防分析研究所研究成果的美国国会听证会中,国家安全、国际事务和刑事司法小组委员会主席威廉·泽利夫

(William Zeliff)利用国防分析研究所的研究成果支持毒品查禁活动
(Subcommittee on National Security, International Affairs, and
Criminal Justice 1998, p.1):

> 今天,举行这些听证会是为了审视一个我们相信有重大发现
> 的毒品政策研究报告,这项研究是在 1994 年时任国防部长佩里的
> 要求下,由国防分析研究所的一个独立团队完成的……政府将戒
> 毒治疗项目作为国家赢得毒品战争的关键举措,且对其信心满满。
> 但是小组委员会对其表示怀疑,质疑为了保证戒毒项目而大幅度
> 减少毒品查禁项目支出这一做法是否明智。政府从支持禁毒向支
> 持戒毒这一战略转变依据的仅仅是 1994 年兰德公司的一项研究
> 结果。

国家研究委员会的评估

应国家毒品控制政策办公室的要求,国家研究委员会下属的非法
毒品交易数据和政策研究委员会对兰德公司和国防分析研究所的研究
结论进行了评估。该评估作为国家研究委员会的一项报告被公开发表
(National Research Council, 1999)。

在仔细分析了这两项研究的假设、数据、方法和结论之后,国家研
究委员会得出如下结论:两者都不能作为制定可卡因控制政策具有说服
力的依据。国家研究委员会对兰德公司研究报告的评估如下(p.28):

> 兰德公司的研究是最好的概念性研究,它用一以贯之的方式
> 考虑可卡因问题。这一研究为识别和构建可卡因市场的重要影响
> 因素做出了极大努力,试图描述可卡因生产者和使用者之间的复
> 杂交互作用,以及备选可卡因控制政策可能会影响消费和价格的
> 微妙过程。这项研究可用于构建更为丰富的可卡因市场模型,进
> 而运用该模型对备选政策开展实证研究。

> 然而,对于减少可卡因消费量不同备选政策的相对成本-效果
> 如何,兰德公司的研究并没有得出有用的实证结果。这项研究做

出了很多未经证实的假设,这些假设与可卡因的生产、分销和消费过程密切相关。这些假设合理的变化不仅可能改变所报告的定量结果,也可能改变该研究所得出的主要定性结论……因此,这项研究结果没有为可卡因控制政策的制定提供坚实基础。

国家研究委员会对国防分析研究所研究报告的评估如下(p.43):

> 国防分析研究所的研究是对美国可卡因市场最好的描述性时间序列统计分析。该研究提供了1980年以来关于可卡因价格、纯度和用途的大量实证时间序列证据。要想了解可卡因市场的运作,必须弄清实证数据。国防分析研究所的研究提供了很多这样的数据,同时使人们注意到多个序列之间存在一些有趣的实证联系。
>
> 然而,对于减少可卡因消费的禁毒政策的成本-效果性,国防分析研究所的研究没有给出有用的实证结果。研究假设、数据和方法中的重要缺陷使得我们无法将该研究结果作为禁毒政策的决策依据。例如,该研究从数据中得出的结论取决于这样的假设:所有可卡因价格变化的时间序列偏差都应该归因于禁毒活动,而不是作用于可卡因市场的其他因素。该研究存在的许多问题削弱了其构建的可卡因价格时间序列的可信度,同时由于缺少必要信息,无法对该研究报告选择禁毒活动的决策程序进行评估。

因此,国家研究委员会认为,兰德公司和国防分析研究所的研究都没能对减少同等美国可卡因消费量的不同政策所需的成本提供可信的结论。

我现在回想兰德公司和国防分析研究所的研究时,认为它们在可信度的共同缺陷方面比不同项目支出的巨大差异更重要。每项研究在其内部可能都是连贯的,但是由于数据基础薄弱,所做的假设缺少事实根据,这些缺陷损害了其研究结果的可信性。令人沮丧的是,国家研究委员会认为,国家不应该从以上任何一项研究中吸取一些非常具有探索性的政策经验,因为它认为两者都没有得出有用的结论。

这两项研究最让我困扰的是,它们为了得出确定的政策结论,做出了不明智的努力。研究者试图使无说服力的数据有意义,并解释毫无根据的猜测。这些做法不一定是有问题的,但是研究中所得结论的强度应该与证据的可靠性相一致。当研究者做得太过时,他们不仅抛弃了自己的可信性,还减弱了公众对科学的信任。如前所述,当研究者对毒品政策这样一个有争议的问题得出错误但又确定的结论时,它们对公众信任的损害是特别明显的。

1.5 将科学与倡导混为一谈的论断

我之前将实证研究中的推断逻辑概括为"假设＋数据→结论"。如果掌握不变的可得数据,科学方法假设推断的方向是从左到右的。一个人可以先提出假设,然后推导出结论。但是也可以反其道而行之,根据预设的结论寻找合理的假设。后者被称为倡导(advocacy)。

政策分析师不可避免地会把协商过程看作是科学的,但是一些分析可能是包裹着科学外衣的倡导。一些智库发表的研究报告似乎都必然要得出非常自由或非常保守的政策结论。一些学术研究者的结论是同样可预见的。也许这些分析师开始都没有先入为主的看法,而是由推断逻辑得出了确定的结论。或者,他们可能先找到自己中意的结论,然后反向佐证之。

20世纪80年代后期,我经常作为贫困问题研究所的负责人访问华盛顿,斯科特·利里(Scott Lilly)是一位非常有见解的资深国会工作人员,他告诉我,他认为不能把所有的政策分析都看作是提出倡导。他喜欢阅读一向口碑良好的某些智库完成的倡导性研究报告,不喜欢阅读表面上看似中立的学术研究者所做的倡导性报告。他经常觉得从智库的研究报告中收获很大,因为他清楚作者们的偏见。相比之下,他发现很难从那些表面上看似中立的研究者的报告中学到东西,因为他们试图掩盖业已存在的偏见。

我之前曾说过,米尔顿·弗里德曼拥有一种能将科学和倡导混为一谈的诱人能力。我这里举一个例子。详见克鲁格曼(Krugman,2007)对弗里德曼既是科学家又是倡导者的描述。

弗里德曼和教育券

教育券(educational vouchers)的支持者认为,美国的学校资助政策限制了学生对学校的选择,阻碍了教育机构的发展。他们认为,免费的公立学校应该被"教育券"取代,允许学生选择任何满足既定要求的学校。教育券概念由来已久。早在 1792 年,汤姆·潘恩(Tom Paine)就在《人权论》中提出了教育券计划。教育券受到现代人的关注要归功于弗里德曼(Frideman,1955,1962)。他关于这个问题的著述是把科学和倡导混为一谈的一个典型例子。

弗里德曼没有引用学校财政与教育成果具有关联性的实证证据,他提出了一个关于教育券纯理论的古典经济学观点,具体如下(Friedman,1955):

> 显然,在任何特定领域中,政府的作用取决于社会组织普遍接受的原则。下面,我假设一个社会将个人自由或更符合实际情况的家庭自由当作它的最终目标,主要通过经济活动组织中个体的自愿交换(voluntary exchange)实现这个目标。在这种私人企业的自由交换经济中,政府的主要作用是通过执行合同、防止强迫交易和保持市场自由来维持游戏规则。除此之外,政府干预的合理性有三个判定依据。一是"自然垄断"(natural monopoly)或者类似的不可能实现有效竞争(和完全的自愿交换)的市场缺陷。二是存在大量"邻里效应"(neighborhood effects),即一个人的行为迫使他人为此付出了极大代价而不可能让其进行补偿,或者一个人的行为给其他人带来了巨大收益,而又无法使后者补偿前者——在此情况下自愿交换不可能实现。三是源于对最终目标认识上的

歧义，而不是通过自愿交换实现目标的难度，即对儿童和其他无责任能力个体的家长式关怀。

他接着说道，"评判政府干预合理性的三大依据"证明，政府应该提供教育券而不是营建免费的公立学校。他把政府运营公立学校称为教育的"国有化"。

弗里德曼反复提到政府运营学校的理由，并对其加以驳斥。以下是一个摘自他关于邻里效应的讨论的例子：

> 邻里效应支持教育国有化的一种观点认为，如果不这样做的话，不可能提供社会稳定所必需的共同核心价值观……这个观点很有杀伤力。但是它既不清楚，也不正确。
>
> 支持政府创办公立学校的另一个观点认为，必须保持教育的公平性，因为私立学校可能会夸大阶层差异。如果可以自由选择把孩子送到什么学校，同一阶层的父母会聚集在一起，阻止来自明显不同背景的孩子加入其中，尽管这种混合对他们来说是有益的。与前一种观点相同，无论该观点在原则上是否正确，我们都并不清楚是否会发生这种观点所声称的结果。

这段话很有趣。弗里德曼没有引用关于邻里效应的实证证据，也没有呼吁对这个问题进行研究。相反，他只是声称邻里效应使公立学校显得必要的观点"并不让人信服"和"根本就不让人信服"。

弗里德曼巧妙地将举证责任推给免费的公立学校教育，坚称在缺乏相反证据的情况下，教育券是最好的政策选择。这是倡导而不是科学。公立学校的拥护者也同样可以推卸举证责任，坚称既然没有相关证据，就应该维持现有教育制度。那么结果就是冲突的论断。

如我已经讨论的那样（Manskin，1992），科学分析必须承认，经济理论本身并不足以得出关于何为最优教育制度的结论。它必须强调，不同备选方案的优点取决于市场缺陷的程度和性质，也取决于邻里效应——弗里德曼用此评判政府干预的合理性。我们必须注意到，当弗里德曼 20 世纪 50 年代中期撰写此文时，与这些问题相关的信息几乎是一片空白。实际上，时至今日，我们仍旧缺乏很多我们所需要的信息。

1.6 期望性的推断

第二版《牛津英语词典》将"推断"（extrapolation）定义为"基于所观察到的趋势，得出一个关于未来或假设情形的结论"。从这种意义上来说，推断对于政策分析中的数据使用是至关重要的。政策分析不仅仅是对所观察到的趋势进行历史研究，它的中心目标是预测继续实施原先政策或颁布替代政策可能产生的结果，从而让我们做出明智的政策选择。

尽管我还在犹豫是否要对《牛津英语词典》的这一定义提出批评，但是我认为，应该清楚这一定义是不完整的。意识到这一点很重要。推断逻辑不能基于观察到的趋势，得出任何关于未来或假设情形的结论。假设是必不可少的。因此，我将修改《牛津英语词典》中的这一定义，认为"推断"是"基于观察到的趋势和坚持的假设，得出一个关于未来或假设情形的结论"。

在数据给定的情况下，所做推断的可信度就取决于坚持什么样的假设。研究者经常使用站不住脚的假设做出推断。我把这种不可信的论断称为期望性的推断。

也许最常见的推断做法，是假定未来或假设的情形与所观察到的情形在某些方面完全吻合。分析师们经常做这种不变性假设（invariance assumptions），这种做法有时站得住脚，但通常是没有依据的。某些不变性假设会得出传统的论断，它们授权分析师提出这样的假设而不用担心有人质疑他们的正确性。

首先，我描述期望性的推断的一个著名例子——摘自曼斯基（Manski，1995，2007a）有关选择性监禁的讨论。然后，我将讨论根据随机实验做出的推断，使用食品药品管理局(FDA)的药品审批过程对其进行说明。

1.6.1 选择性监禁

1982 年，兰德公司公布了一项由研究人员于 1978 年进行的犯罪行为研究，研究对象是来自加利福尼亚州、密歇根州和得克萨斯州的被关押和监禁的囚犯样本(Chaiken and Chaiken，1982；Greenwood and Abrahamse，1982)。大多数囚犯受访时表示，在此次被捕定罪前，他们每年有五次或以下的犯罪。此外，少数受访者报告的犯罪次数更多，有的甚至每年超过一百次。

研究人员发现，所观察的样本内存在一种很强的实证关联性，这种关联性存在于许多个人特征(例如犯罪前科、吸食毒品和就业历史)和样本成员高犯罪率之间。这一发现使部分研究团队成员认为，应该鼓励把选择性监禁(selective incapacitation)作为打击犯罪的一种措施(Greenwood and Abrahamse，1982)。选择性监禁要求在对已宣告有罪的犯人量刑时，应该同时考虑其未来再次犯罪的可能性。那些预计将来可能再次犯罪的人，应该在监狱中待更长的时间。

兰德公司的这项研究引起了激烈争议，特别是基于格林伍德(Greenwood)的预测方法，建议将选择性监禁列入立法提案时(Blackmore and Welsh，1983；Blumstein et al.，1986)。虽然一些争议是关于选择性监禁能否得到社会认可，但是更多的争议是关于根据上述研究做出的推断究竟有多可信。

研究结果表明，这一量刑政策实施后，上述三个州在押囚犯的个人背景与其所报告的犯罪数量之间存在实证关联性。问题是：如果将这项政策运用到其他州，是否也存在这一关联性？如果将这项政策运用于现行量刑政策下未被监禁的罪犯，这一关联性是否仍存在？如果改变了量刑政策，这一关联性是否继续存在？尤其是，如果真的实施了选择性监禁政策，这一关联性是否还会存在？

兰德公司的研究并没有解决这些问题。格林伍德预测犯罪的方法在推断其他时间、地点和量刑政策下可能发生的情形时，假定囚犯个人背景与所报告的犯罪数量之间的实证关联性将保持大致相同。在我看来，这种不变性假设只是期望性的推断。

1.6.2 基于随机实验的推断：食品药品管理局的药品审批过程

随机实验最吸引人之处，在于能够在一个待研究总体中得出关于某些政策结果可信且确定的论断。标准的实验步骤要求对研究总体进行分类，从这个研究总体内随机抽取一些处理组，同一个处理组中的所有成员都得到相同的处理。

假设实验反应是个体化的（individualistic）——也就是说，每个人的结果只取决于他自身受到的处理方式，与总体中其他成员所受的处理方式无关。如果对整个总体的成员都进行相同的处理，总体和处理组得出的结果分布应该是相同的（至多有随机抽样误差）。因此，当个体化的处理反应这一假设是可信的时，通过随机实验得出的一项政策结论能够很好地适用于该研究总体。

政策分析的一个常见问题是如何根据实验结果推断正在考虑的政策。为了实现这一目标，分析师们经常假定在目标政策下，总体的结果分布与特定处理组中的结果分布是一样的。虽然这种不变性假设有时是合理的，但它往往是期望性的推断。

有很多原因使得目标政策可能不同于那些实验研究的政策，从而使得不变性假设的正确性受到质疑。我在这里讨论三个原因。在药品管理中，用随机实验指导政策选择非常重要，我将使用食品药品管理局的药品审批过程对此进行说明。

1. 研究总体和目标总体

随机实验的研究总体往往不同于目标总体。民主国家不能强制公民参与实验。因此，研究总体是由志愿者组成的。实验只揭示了志愿者中处理组的结果分布，该结果并不一定适用于这一政策针对的所有人群。

以制药公司为了让食品药品管理局批准新药上市进行的随机临床试验（Randomized Clinical Trials，RCT）为例，参加试验的志愿者可能不能代表这一药品将来所适用的病人总体。他们可能是因为制药公司提供的财务激励和医疗激励才参加试验的。财务激励可能是那些参与试验或接受免费治疗的人可以得到一笔费用，医疗激励就是参与试验的人可以得到一个试用新药品的机会。

如果随机临床试验中志愿者的治疗反应不同于那些非志愿者的，那么研究总体与这一药品将来所适用的病人总体（目标总体）将完全不同。当食品药品管理局使用试验数据完成药品审批时，就默认了病人总体（目标总体）对药品的反应与试验群体（研究总体）是相似的。但是，可能没人知晓这种不变性假设的准确性如何。

2. 试验性实验和实际实验

实验中分配处理的方法常常不同于实际政策。再次以了通过药品审批而进行的随机临床试验为例，这些试验通常是双盲的，即患者和他的医生都不知道分配给他们的治疗方法。在患者和医生都不确定患者用了什么药的情况下，一项试验虽然揭示了药品的反应分布，但是它无法揭示出真实临床条件下的患者反应，因为在真实的临床条件中，患者和医生都掌握相关信息，并能对其做出相应的反应。

在评估预防传染病的疫苗时，可能发生实验和现实政策中实验处理的另一类差异。如果疫苗既要保护接种者，又要降低未接种者的受感染率，则随机实验分析中的个体化反应这一假设就是不成立的。如果疫苗产生了免疫力，能够防止接种者生病或者被感染，那么疫苗是内部（internally）有效的。如果它能够防止疾病在未接种者或未成功接种者中传播，它就是外部（externally）有效的。

一个标准的随机临床试验可以评估内部效应，但不能揭示总人口不同接种率情形下的外部效应。如果与总人口相比，试验组的规模很小，那么总人口的疫苗接种率基本上是零。如果试验中注射疫苗的群组占了总人口相当大的比例，那么结果只显示这一疫苗接种率下的外部有效性，而无法揭示其他接种率下的人口患病比率。

3. 实验结果和实际结果

如果研究持续时间很短，就会存在一个严重的测量问题。我们常常想要了解长期实验的结果，但短期研究只能揭示眼前的结果。

从短期替代指标(surrogate outcomes)准确推断长期实际结果的难度极大。

为通过药品审批而进行的随机临床试验再次提供了一个很好的例证。最长时间的试验,也就是三阶段试验,通常只有两到三年。当试验时间不足以观察到实际期望的健康结果时,现实做法是衡量替代指标,并据此做出决策。例如,对心脏病治疗药品的评估可能会采用病人胆固醇水平和血压数据等替代指标,而不是采用心脏病发病率和寿命数据等长期试验结果。那么,在这类常见的情况中:药品审批中的试验只揭示了研究总体中替代指标的分布,而不是真实健康结果的分布。

卫生研究人员提醒人们注意,从替代指标推断实际健康结果的难度很大。弗莱明和德梅兹(Fleming and Demets,1996)检验了三阶段试验中普遍使用的替代指标,这些试验被用来评估心脏病、癌症、艾滋病、骨质疏松症和其他疾病药品的疗效,他们写道(p.605):"三阶段试验中的替代指标极少有能够代替最终临床结果的。"

4. 食品药品管理局和传统的论断

相比前一章讨论的CBO对待决法案的预算影响评估,食品药品管理局的药品审批过程更透明。食品药品管理局的审批程序强调可信度,坚持采用从随机临床试验中得到的数据,并且试验规模要大到足以消除试验结果的统计不确定性。然而,当食品药品管理局试图根据随机临床试验中得到的数据推断临床实践中新药的安全性和有效性时,他们会使用大量传统的论断。

药品审批过程其实就是假设相关病人群体(目标总体)的实际治疗反应与研究总体的处理反应相似,临床实践反应与双盲试验反应相似,实际结果的有效性测定与替代指标的有效性测定相似,这些假设都毫无根据,有时候可能非常不真实,但是却被奉为圭臬。

1.6.3   坎贝尔和内部效度的重要性

并非只有食品药品管理局面临随机实验的推断难题,唐纳德·坎贝尔(Donald Campbell)在其一部非常具有影响力的著作中指出,这是社会科学研究范式普遍存在的难题。

坎贝尔将处理反应研究的内部效度和外部效度区分开来。假如一项研究的结果对研究总体可信，则该研究就有内部效度（internal validity）。如果该研究的一个不变性假设可以得出可信的推断，则该研究就具有外部效度（external validity）。坎贝尔讨论了这两种形式的效度，但是他认为应该先主要从内部效度评判一项研究，然后再从外部效度对其进行评判（Campbell and Stanley, 1963; Campbell, 1984）。

这一观点说明，无论研究总体是什么，观察性实验研究都具有普遍重要性，因为恰当的随机实验得到的结果的内部效度很高。这一观点可以证明最接近随机的实验是最好的观察性研究。统计学家保罗·罗森鲍姆（Paul Rosenbaum）这样说道（Rosenbaum, 1999, 263）：

> 在一个组织严密的实验室实验中，处理效果可以被清晰地看到。虽然对人类进行的处理效果的观察性研究缺少这种控制能力，但是目标是一致的，都是要在小范围、集中和受控的环境中检验一个非常宽泛的理论。

与坎贝尔一样，罗森鲍姆淡化了研究总体与目标总体相似的重要性。他写道（p.259）："研究总体的代表性样本或许在描述这些总体时非常有用，但可能不适用于对处理效果的推论。"

与坎贝尔和罗森鲍姆一样，许多研究者都喜欢从容易研究的总体中得出可信的确定论断，而不喜欢从目标总体中得到可信的不完备知识。常见做法是报告"被处理者的处理效果"，其中"被处理者"指的是研究总体中真正接受特定处理的成员（Bloom, 1984; Angrist, 1990; Gueron and Pauly, 1991; Dubin and Rivers, 1993）。为了解决随机实验中的非遵从问题，因本斯和安格里斯特（Imbens and Angrist, 1994）以及安格里斯特、因本斯和鲁宾（Angrist, Imbens and Rubin, 1996）建议，处理效应应该只针对"遵从者"（compliers）这一子总体——无论接受何种处理，他们都予以配合。

这些想法已经明显地影响了政府的决策。一个突出的例子是食品药品管理局的药品审批过程,它在做药品审批决策时,只考虑临床试验证据。另一个例子是 2002 年的《教育科学改革法案》(Education Sciences Reform Act),这一法案为改进联邦教育研究提供资金。法案定义了何为科学有效的教育评估:如果可以随机分配,就采用随机分配的实验;当随机分配不可行时,就采用其他能得出最可能进行因果推断的研究方法。"因果推断"被认为具有最优的内部效度,但没有提及其外部效度如何。

不幸的是,实验数据分析往往对如何根据所进行的实验推断得出目标政策效果这一难题缄口不言。例如,格伦和保利(Gueron and Pauly, 1991)所报告的关于福利改革实验的分析只描述了各处理组的平均结果。只有当研究者愿意接受实验结果的表面意义,接受结果的内部效度又不怀疑其外部效度时,他所报告的结果才可用于预测目标政策。否则,他没法解释其研究结果。

从政策选择的角度看,评价效度高低没有意义。重要的是决策研究中的信息量大小,而这取决于内部效度和外部效度的联合效果。因此,研究应该努力测量这两种效度。

1.7 不合逻辑的论断

到目前为止,我所讨论的研究方法都是不可信但合乎逻辑的。逻辑错误也会造成不可信的论断。错误可能是寻常的计算错误或代数错误,也可能是更严重的不合逻辑的推论。不合逻辑的推论会得到错误的结论,由此产生不恰当的确定性论断。

当一位研究者在进行一些零假设的统计检验时,发现不能拒绝这一假设,并把无法拒绝零假设作为该零假设正确的证据,这时一种常见的不合逻辑的论断便出现了。统计学教科书经常告诫我们,无法拒绝零假设并不能证明一个零假设就是正确的,它仅仅表明缺乏确定性证据证明该假设是不正确的。然而,研究者有时会将统计学上无法拒绝与证据混为一谈。

在关于人类特征的遗传力研究中，一直存在一个奇特的不合逻辑的论断，这一论断经常被错误地用于社会政策决策。下面，我将其作为一个扩展案例进行研究。

遗传力

自 19 世纪后三分之一时期以来，遗传力（heritability）研究一直充满争议。正式研究由英国科学家弗朗西斯·高尔顿（Francis Galton）开启，他首先试图区分"自然"（nature）和"培育"（nurture）作用的异同。在高尔顿开始遗传力研究之后约一百年，即 20 世纪 60 年代和 70 年代，爆发了激烈的关于智商遗传力的争论，因为一些社会科学家试图将智商遗传力与社会政策联系起来，认为如果智商在很大程度上是可遗传的，那么社会政策就不能改善人们成就中的不平等问题。

考虑到 20 世纪 70 年代末的思想状态，戈德伯格（Goldberger，1979）对遗传力研究提出了确定性的批判（p.327）：

> 当我们纵观整个国家的人口时，正如 IQ 测试结果表现的那样，不同人的智力存在着极大的差异。问题是，这些智力差异在多大程度上是由基因构成导致的，在多大程度上又是由他们生活经验的差异导致的？在 IQ 测试结果中，有多少比例的差异是由基因差异引起的，又有多少比例的差异是由环境差异引起的？这个问题已经吸引了几代人——或至少是英美学术界的兴趣。我想其中的魅力在于，这一问题的答案与社会政策密切相关：如果人的智商差异在很大程度上是由遗传导致的，那么它是天生的、公平的和不可变的；但如果一个人的智商差异在很大程度上是由环境导致的，那么它就是后天的、不公平的和容易被消除的。

戈德伯格认为，无论是智商还是其他特质，它们的遗传力与社会政策都是无关的。接下来我会解释个中缘由。不过，首先我需要解释遗传力在统计上怎么度量,以及人们如何解释它。

非专业人士经常随意使用第二版《牛津英语词典》中的"遗传力"这个词,其定义为"能够被遗传的特质,或能够被继承的特质"。然而,专业的遗传力研究以特定方式使用遗传力这个词。只挑最重要的说,遗传力研究试图进行方差分析,这是一个我要解释的描述性统计的步骤。

考虑到人口众多,遗传力研究者建立了以下等式:

$$结果(outcome)=基因因素(genetic\ factors)+$$
$$环境因素(environmental\ factors)$$

或者简言之,$y=g+e$。在这里,y 是某个人的结果(或表现型),g 代表基因因素,e 代表环境因素。通常假定 g 和 e 在总体中不相关。g 的总体方差与 y 的方差的比率被称为 y 的遗传力。研究者认为,遗传力给出了个人结果变量的方差中有多少占比是由基因因素解释或决定的。

遗传力研究中的上述等式对一个复杂过程进行了极度简化。而这个复杂过程,就是现代科学家们所相信的——个人结果是由基因因素和环境因素共同决定的。变量 g 和 e 分别概括了决定结果的基因因素和环境因素,该等式假定 g 和 e 互不相关。这个假设与下面的合理推测是冲突的——人的幼年成长环境越好,他得到的遗传基因可能越优。

在遗传力研究中,上述等式的草率性源于该研究在基因还不为人类所知之前就早已存在了,当时还没想到会出现基因测定。这一研究也产生于人口调查之前,人口调查可以得到个人与环境因素相关的特定数据。在当时的历史环境中,g 和 e 不是一个人的基因和环境因素差异能够被观察到的测度指标,它们是假定的潜在影响因素的隐喻说法和象征性的表述。遗传力研究具有让人感到神秘的技术上的复杂性——研究方法取决于自然亲属(通常是双胞胎或兄弟姐妹)的结果数据,以及各种确定性的统计假设——因为尽管 g 和 e 是隐喻的,但是研究人员仍然希望能够做出遗传力估计。

1."更重要的"意味着什么?

假设一位研究者获得了双胞胎或其他亲属的结果数据,做出了足够强的假设，并发布了关于遗传力结果的估计报告。这个数字可能会揭示什么有趣的现象呢？

研究者经常说，遗传力衡量了基因因素和环境因素的相对"重要性"。一个突出的例子是钟形曲线（The Bell Curve），赫恩斯坦和默里（Herrnstein and Murray，1994：135）据此宣称："在导致贫困的因素中，个人的认知能力比父母的社会经济地位（socioeconomic status，SES）影响更大。"但是，戈德伯格和曼斯基（Goldberger and Manski，1995）批评了以此为基础的分析和与此类似的论断。

钟形曲线在某些方面不同于传统的遗传力研究。在钟形曲线中，赫恩斯坦和默里使用了从人口调查中获得的认知能力和父母的社会经济地位等相关数据，在对这两个数据进行了统计标准化调整后，用个人的认知能力代替基因因素（g）并用父母的社会经济地位代替环境因素（e）。然而，他们有着共同的目的，即在解释观察到的总体结果（如贫穷）的差异时，评估基因因素和环境因素对其影响的相对重要性。当他们或者其他研究者声称，基因差异比环境差异对结果的影响"更重要"时，他们显然将观察到的结果的差异更多地归因于基因因素 g，而非环境因素（特定家庭）e。

2. 遗传力和社会政策

一些研究者（如赫恩斯坦和默里）喜欢把遗传力估值大小解释为个人成就对社会政策的潜在反应（遗传力影响越大，社会政策的作用越小，反之则反），这就使得遗传力研究非常具有争议性。特别是，当把对遗传力的较大估值解释为社会政策的潜在作用甚微时，争议尤为激烈。

一个著名的例子是由戈德伯格（Goldberger，1979）给出的，他讨论了《泰晤士报》发表的一份关于收入和基因关系的研究报告，该报道基于此得出了其对社会政策的意义，他写道（p.337）：

看一个更近的例子，让我们翻到 1977 年 5 月 13 日的《泰晤士报》头版，社会政策记者内维尔·霍金森（Neville Hodgkinson）撰写了一篇题为《双胞胎研究显示遗传与收入具有关联性》的报道：

"一项对超过两千对双胞胎的研究表明：基因因素在决定个

人赚取收入能力方面起到重要作用⋯⋯据某些英国研究人员称,这项研究为基因因素和环境因素对个人命运的影响究竟哪个更大这一持久争论,提供了迄今为止最有说服力的证据⋯⋯该研究结果对于社会政策具有重大意义。这些政策试图打破'不良循环',从而使社会更平等⋯⋯但是,其效果可能比预想的要小得多。"

汉斯·艾森克(Hans Eysenck)教授对双胞胎研究颇有感触,看了霍金森的文章后,他立刻向霍金森宣称,这一研究成果"实际上在告诉(皇家)收入和财富分配委员会(Commission on the Distribution of Income and Wealth),他们可以卷铺盖回家了"(《泰晤士报》1977年5月13日)。

就艾森克发表的评论,戈德伯格继续写道(p.337):

这可真具想象力。根据同样的逻辑,如果研究显示大部分视力差异是由基因因素造成的,那么皇家眼镜分配委员会也可以卷铺盖回家了;如果研究显示降雨差异主要是由自然因素导致的,那么皇家雨伞委员会也可以卷铺盖回家了。

上面一段话显示了戈德伯格对此问题的极度严肃性和惊人才智,他认为将遗传力估计和社会政策关联在一起的想法是荒谬的。戈德伯格得出结论(p.346):"在这一评估中,遗传力估计不应为特定政策目的服务。"

戈德伯格的结论不是基于遗传力研究中 g 和 e 的隐喻特质,明白这一点很重要。更重要的是,该结论是基于这样的事实:方差分解不能得出与政策相关的研究成果。

为了更好地描述遗传力研究,让我们假设 g 和 e 不是隐喻的,而是一个人的基因因素和环境因素的可观测到的概括性统计数据;假设方程 $y = g + e$ 是一个表示基因因素和环境因素如何共同决定结果的物理定律;再假设 g 和 e 在总体中是互不相关的,这是遗传力研究中的经典假设。然后,研究人员通过观察总体就可以直接计算遗传力 y,而不需要双胞胎人口的特定数据或晦涩难懂的假设。

在一种极端情况下,假设总体完全由面对不同环境的克隆人组成,那么 g 的方差为零,这意味着遗传力影响因素也为零。在另一种极端情况下,假设总体由相同环境下的不同基因的人组成,那么 e 的方差为零,这意味着遗传力是 1。

这与政策分析有什么关系吗?没有。政策分析的问题是:如果通过某种干预(如分配眼镜)来改变人们的环境,对结果会有什么影响?对此问题,遗传力研究无法提供决策参考。

虽然戈德伯格以分配眼镜为例简单有效地击中了遗传力研究逻辑问题的核心,但他不是唯一一个坚持遗传力与社会政策不存在相关性的人。同时代的统计学家奥斯卡・肯普索恩(Oscar Kempthorne,1978,p.1)也持同样的观点:

> 结论是:关于遗传力-智商相关性的争论是一个"喧闹激烈,却毫无意义的故事"。数据中还未显示干预过程,就假设可以估计干预过程的影响,这显然是愚蠢的做法。

虽然遗传力研究与政策无关的观点在三十多年前就已经被广泛接受了,但是我好奇又沮丧地发现,一些人其后仍继续坚称两者有关联性。例如,伯恩斯坦和默里(p.109)在钟形曲线研究中提及"遗传力对获取知识能力的影响"时,仍断定两者具有相关性。现在关于遗传力研究的各种成果仍源源不断地出现,最近的研究往往没有明确地提及政策,但也不清晰地解释他们所报告的遗传力统计数据。我不知道这种行为还在继续的原因何在。

3. 基因测定

一百多年来,有关人类基因的研究受到两个问题的困扰:一个是观念问题,另一个是技术问题。观念问题是遗传力估计研究的焦点,声称所得出的"重要性"结论是不为特定政策目的服务的。技术问题在于缺少基因测定方法。从缺少基因测定方法促使研究者创造出前文所述的具有隐含意义的 g 来看,或许可以说是技术问题导致了观念问题。

自 20 世纪 70 年代以来,观念问题已经得到解决,技术问题也在过去十年中被克服。基因测定已经使收集大样本个体的特定基因成为可能,通常要求家庭调查的受访者提供唾液样本,以便从中提取 DNA。

基因测定取代了遗传力研究中的隐喻性特征 g 和钟形曲线中的指标,可以直接观察研究对象的基因组片段。基因测定将与个人结果相关的人类基因研究从神秘性转向大众化。

例如,卡斯皮等(Caspi et al., 2003)用来源于代表性出生群组的纵向数据研究在特定环境和个体基因下如何预测抑郁症。他发现,基因与压力生活之间的相互作用对抑郁症有很大的影响,但基因本身的影响并不大。使用经专门测定的基因数据预测个人结果完全不在遗传力研究的范围内,因为遗传力研究中 g 是隐性的,不是显性可见的。此外,遗传力研究通常假定不存在卡斯皮等人所发现的基因——环境的相互作用,等式 $y = g + e$ 通常是遗传力分析的起点,它假设 g 和 e 共同促成了个人结果。进一步的讨论参见曼斯基(Manski, 2011c)。

1.8 媒体夸大的报道

民选官员、公务员和公众了解政策分析时很少能得到原始资料。期刊和研究报告通常专业性太强,术语太多,非专业人士难以读懂。大众读者可能会从报纸、杂志和电子传媒中了解政策分析的新发现。因为记者和编辑们可以决定报道哪些政策分析,以及如何报道它们,所以他们拥有相当大的权力,可以此影响社会舆论走向。

尽管一些政策分析的媒体报道十分严肃,且内容丰富,但夸大的报道实在是太常见了。当记者和编辑们决定何种政策分析研究值得报道时,他们经常夸张有余,谨慎不足,将流行观点当作确定性论断加以报道。

1.8.1 《关于价值 32 万美元幼儿园教师的例子》

媒体夸大的报道的一个典型例子出现在 2010 年 7 月 28 日的《纽约时报》头版，该版面上有一篇冠以上述标题的文章。在该文中，《纽约时报》的经济学专栏作家大卫·莱昂纳特（David Leonhardt）报道了关于学生的幼儿园经历如何影响他们成年后收入状况的一项调查研究。莱昂纳特在开篇问道："你的幼儿园老师和同学如何影响你今后的人生？"然后他提醒人们关注一本新著作，该著作由六位经济学家共同完成，在书中他们试图从成人收入角度回答这个问题。

莱昂纳特将这项研究的发现描述为"极具爆炸性的"，同时他最关注优秀教师的影响。提到该书作者之一拉兹·切提（Raj Chetty）的名字时，他写道：

> 切提先生和他的同事……估计一位出色的幼儿园老师的价值约为每年 32 万美元，这是全班幼儿园学生预期在其今后职业生涯中多赚取的收入的现值。

莱昂纳特在结尾时建议了如下政策：

> 显然，优秀的幼儿园教师不会很快赚到 32 万美元。但是，学校管理者可以比现在做得更多。他们可以向最好的老师付更多的薪水……给他们应有的支持……鉴于目前的预算紧张，为新项目筹集这笔钱会很难，但我们有理由把稀缺资源集中用于收益长远的项目。

我将莱昂纳特的这篇文章称为媒体夸大的报道的典型例子。当莱昂纳特说这一新研究"还没有经过同行评议"时，他言语间就暗含了我会这么说的原因。事实上，在莱昂纳特写这篇文章时，该研究甚至还没有公开发表，切提只是在 2010 年 7 月国民经济研究局（National

Bureau of Economic Research，NBER)的一次会议中展示了一组幻灯片(http://obs.rc.fas.harvard.edu/chetty/STAR slides.pdf),其中最后一张幻灯片说一位优秀幼儿园教师的价值是 32 万美元。该幻灯片没有提供足够的研究数据和假设来证明这个估值的可信性。

这项研究后来公开发表了(Chetty et al.，2011),这使得对其数据和假设进行评估成为可能。然而,当莱昂纳特在《纽约时报》上撰写那篇文章时,很多教育经济学研究者还没有阅读或接触到这一研究成果,更不用说对其进行发表前的同行评议了。尽管如此,莱昂纳特却将这一研究结果视为权威,并用其建议政策,这无疑是"不可信的确定性论断"。我认为对于一份重要的全国性报纸来说,太早报道一项新研究并把其放在头版以吸人眼球,这一做法是极不妥当的。

1.8.2　同行评议和可信的报告

《纽约时报》2010 年 7 月的那篇关于幼儿园教育的文章是一个未经同行评议就被公开报道的典型例子,但它并不是唯一。例如,在前面1.7 节中提到的《泰晤士报》1977 年的那篇关于遗传力的文章,就报道了未公开发表的研究论文初稿中的调查结果。

如果媒体可以杜绝报道那些尚未经过科学界同行评议的研究成果,那么不成熟的媒体研究报道就会有所减少。但是,记者不应该想当然地认为,经过同行评议就一定能够证明该研究成果是可信的,或者其逻辑就是没有问题的。任何有过提交或评议待出版文章经验的人都会意识到,同行评议有缺陷。即使同行评议已经尽了最大努力客观评价一项研究,基础薄弱的研究成果也可能会得到认可,并被发表;相反,非常有说服力的研究成果也可能会遭到拒绝。当评议者利用评议过程支持他们自己倡导的议题,接受拥有他们偏好的结论的研究成果时,同行评议的可信度就会大大减弱。

对于记者和编辑来说,决策无疑是非常困难的,因为他们不可能是全能专家。他们不可能专业地直接评估所有的政策分析,进而专业地决定报道哪些研究和如何设计他们的报道。但是,他们可用直接的方法减轻媒体夸大。

　　首先，也许是最重要的，他们可以仔细审查一项研究报告，看看该作者是否表示其研究结果是不确定的，以及如何表达该不确定性。他们应该怀疑声称得到了确定性论断的研究结果。在作者表示其研究结果具有不确定性时，记者们应该密切注意他们所说的话。

　　其次，记者们不应该完全相信作者对自己成果的评价。记者们应该寻求与作者没有密切关系、可信赖的科研人员的观点。虽然少数谨慎的记者们已经这么做了，但是应该让这种做法成为所有记者的行为准则。

2 预测政策结果

在一个理想世界中,不懂研究方法论的人往往会轻信政策分析的结论。他们相信专家们对政策结果的预测,而不问该预测结果是如何得到的。

不幸的是,第 1 章所介绍的那些做法表明,政策分析服务的消费者一定不能完全相信专家所言。公务员、记者和关心政策的民众都需要对政策结果的预测方法有足够了解,才能评估该结果是否正确。即使不必理解预测方法的技术细节,他们也需要了解在假设和可得数据的基础上,怎么预测政策结果。

对此牢记于心,我将在第 2 章和第 3 章首先描述多种传统的预测方法,即如何用强假设得出确定的结论。另外,我将介绍自己的方法,即如何用较弱的假设得出区间预测结果。这两章研究不同的预测难题。本章主要关注一个在很多情形下都存在的简单而微妙的难题,这个难题已经引起了很多人的研究兴趣。它可以抽象地概括为,有两个可行的处理方案,分别是 A 方案和 B 方案。一个研究总体中,一些人接受了 A 处理方案,另外一些人接受了 B 处理方案。这里的难点是如果政策要求每个人都必须接受相同的处理方案,该如何预测结果。我先在 2.1 节进行初步说明,然后从 2.2 节开始逐步解决这个难题。

2.1 威慑与死刑

长久以来,研究者用谋杀犯罪率和死刑执行数量数据来观察死刑的威慑作用。20世纪70年代，美国副司法部长（Bork et al.，1974）向联邦最高法院提出，艾萨克·埃利希完成的一项研究证明了死刑具有可信的威慑作用，自此，这一主题引起的关注就已经超出了学术界。埃利希（Ehrlich，1975）根据美国每年发生的谋杀事件和死刑执行数量估计出了"发生谋杀事件"的函数，表明谋杀率与判罚轻重具有相关性，判罚轻重包括已被定罪的犯人被处以死刑的风险。他得出结论（p.398）：

> 实际上，实证分析表明，在1933年到1967年这个时间段内，平均每处决一个罪犯就能够挽救八个潜在受害者的性命。

这项研究成果本身及将其提交给联邦最高法院作为支持死刑的证据，产生了极大的争议。美国国家研究委员会（National Research Council）为此专门成立了一个小组深入研究死刑的威慑问题（Blumstein，Cohen and Nagin，1978）。最后，国家研究委员会的报告清晰地陈述了死刑威慑作用实证研究中的一些固有困难。

根本性的困难是反事实的政策结果不可见。数据本身不能揭示如果某个有（或没有）死刑的州突然不采用（或采用）死刑，这个州的谋杀犯罪率会如何变化。因此，数据必须和假设结合起来才能进行反事实结果的推断。国家研究委员会的这个专门小组认为，民主社会通常不能进行实验，即不能随机用犯人检验其他惩处政策的效果。因此，研究死刑的威慑作用通常是分析从观察研究中得到的数据。这个研究小组认为，在现有数据下，很难发现可信的假设能够证明死刑具有威慑作用。研究小组（p.62）断定："目前关于死刑威慑作用的证据，不足以得出确定性的结论。"

死刑的威慑作用是个老话题，可直到目前的文献仍未在哪怕最基础的问题上取得共识。国家研究委员会最近成立了一个新的死刑威慑作用研究委员会，专门评估自埃利希以来的关于死刑威慑作用的研究成果。委员会评估了过去三十年大量的研究成果，但是最终还是得出了与先前国家研究委员会一样的结果（Committee on Deterrence and the Death Penalty，2012）："关于死刑对谋杀犯罪率影响的研究，至今仍然不能证明死刑会增加还是减少谋杀率,或者对谋杀率基本没有影响。"

2.1.1　使用各州跨年度谋杀率数据进行的评估

很多相关的研究文献尝试使用各州跨年度谋杀犯罪率数据推断死刑的威慑作用。但是,使用现有数据的方式不同,得到的估计结果就会不同。

为了在一个简单场景中说明上述研究方法是否可行,曼斯基和佩波(Manski and Pepper,2012)检验了 20 世纪 70 年代以来的数据。正是在此期间,联邦最高法院判定了死刑的合法性。1972 年,联邦最高法院受理的弗曼诉佐治亚州一案(Furman v. Georgia)致使死刑停用多年。1976 年,因格雷格诉佐治亚州一案(Greeg v. Gerogia),联邦最高法院裁定:只有符合一定的要求,才可以执行死刑。我们研究了 1975年和 1977 年的死刑判决对于谋杀犯罪率的影响:1975 年是禁止使用死刑的最后一个完整年度,1977 年是解禁后的第一个完整年度。1975年,死刑在美国所有州都是不合法的。1977 年,有 32 个州宣布死刑合法。我们观察每个州每年的谋杀犯罪率及其当年死刑是否合法。

表 2.1 展示了 1975 年(禁止年)和 1977 年(解禁年)在死刑合法化的州和死刑未合法化的州内,每 10 万名居民中的谋杀犯罪率。我们把前者称作"被处理"的州,把后者称作"未被处理"的州。我们把哥伦比亚特区作为一个州看待。在计算州之间的平均值时,我们加权了每个州的人口数。1977 年,死刑合法化的 32 个州的人口数占总人口的 70%。

表 2.1　每 10 万居民的谋杀率

	1977 年死刑未合法化的州	1977 年死刑合法化的州	合计
1975 年	8.0	10.3	9.6
1977 年	6.9	9.7	8.8
合计	7.5	10.0	9.2

我们可以用上表中的数据作出三个简单的估计,以此说明死刑法

令对谋杀犯罪率的影响。前后对比分析比较了 1975 年和 1977 年这 32 个被处理州的谋杀犯罪率。1975 年,在这 32 个州都没有使用死刑时,每 10 万人中有 10.3 人被谋杀。1977 年,当这 32 个州都使用了死刑时,每 10 万人中有 9.7 人被谋杀。死刑对谋杀犯罪率的影响就是 1977 年和 1975 年这两年谋杀犯罪率的差,即 −0.6(=9.7−10.3)。如果假设这两年内,除了死刑合法化之外没有其他因素减少谋杀事件,那么这个估计结果就说明了在使用死刑的州内,死刑对谋杀率的平均影响。关于前后对比研究更进一步的讨论请参阅 2.4 节。

另外,我们还可以比较 1977 年使用死刑的州和未使用死刑的州的谋杀犯罪率的差异。前者的比率是每 10 万人中有 9.7 个被谋杀,后者的比率是每 10 万人中有 6.9 个被谋杀,两者之间的差是 2.8(=9.7−6.9)。如果假设不管人们是否居住在有无死刑的州都有犯谋杀罪的倾向,且对通过死刑法令的反应类似,那么这一比较结果可以解释为死刑法令对 1977 年谋杀率的全国平均影响。有了这个假设,在使用死刑的州中观测到的谋杀率数据的变化,揭示了如果那些未使用死刑的州也通过了死刑法令,它们的谋杀犯罪率会是多少,反之亦然。2.5 节会进一步讨论此种假设。值得注意的是,随机实验依据的也是这种假设。

第三种利用这一数据的方式是比较使用死刑的州和未使用死刑的州的谋杀犯罪率的前后变化。1975 年和 1977 年,使用死刑的州的谋杀犯罪率从 10.3 下降到了 9.7。同时期,未使用死刑的州的谋杀犯罪率从 8.0 下降到了 6.9。所谓的双重差分法(difference-in-difference,DID)估计就是计算这些前后变化的差,即 0.5[=(9.7−10.3)−(6.9−8.0)]。如果各州的情况相同,尤其是如果各州的谋杀犯罪的时间趋势相同以及确立死刑对各州的影响相同,则这一比较结果可解释为死刑对全国范围内谋杀犯罪的影响。关于双重差分法估计的进一步讨论参见 2.4 节。

上述三个估计就死刑对谋杀犯罪的影响得出了不同的实证结果。第一个前后估计结果的比较显示,死刑法令的通过使得每 10 万人中的谋杀犯罪率降低了 0.6;剩下的两个估计结果显示,死刑使得每 10 万人中的谋杀犯罪率提高了 2.8 或者 0.5。可以看出,死刑可能增加谋杀犯罪率的观点与其可以降低谋杀率的传统观点是相左的。然而,一些研究者争论说,使用死刑就是漠视生命,让社会变得更残忍,越发容易导致谋杀犯罪。因此,关于死刑能否防止谋杀犯罪这样传统的争论,已经拓展为第三种可性,即死刑有野蛮化效果(brutalization)。

　　哪一个估计结果是正确的? 基于特定的假设,每种评估方法都看似正确地测度了使用死刑对谋杀犯罪率的影响。然而,每种假设得出的估计结果又是不同的。也许有一种估计是正确的,或者也许全都不对。

2.2　分析处理反应

　　在开始更正式的分析之前,我需要介绍一些基本概念。借用医学上的术语,我把预测备选政策的结果看作分析处理反应(analysis of treatment response)。

　　人们考虑一项已经或可能应用于某个群体的政策时,有时候把该群体叫做处理单元(treatment units)。例如,给罪犯的判决就是一种处理方式,每个罪犯就可以被称作一个处理单元。类似地,政府征收所得税也是一个处理方式,这里的处理单元可能是税法规定的个人、一对夫妻、一个公司,或者是另一个法律实体。

　　处理反应(treatment response)是处理单元在接受规定的处理方法这一过程中所产生的结果。在处理反应分析中,通常做一个简单的假设:处理反应是个体化的,这意味着个人或者其他处理单元的结果只受自己所接受的处理方法的影响,不受总体其他人所接受的处理方法的影响。如果这个假设不成立,就可以认为该处理反应有社会互动性(social interactions)。

　　"处理反应是个体化的"这一假设的可信度因背景不同而不同。有人也许认为对糖尿病的处理方法仅影响该病人这一说法是可信的。然而,他不会认为接种疫苗防治传染病仅影响接种者自己。接种疫苗的一个重要目的就是防止传染病扩散，不仅保护了你，也保护了我。

政策分析使用从研究总体中得到的数据预测目标总体中的政策结果。研究总体(study population)是已经受到一项政策约束的一个群体。目标总体(population of interest)是研究者打算预测其可能结果的一个群体。

一个研究者会观察一项政策实施以后，研究总体成员中产生的政策结果，然后结合所做出的假设和所得到的数据，预测在目标总体中实施一项特定政策后会出现什么样的结果。

2.2.1　统计推断和识别

如果一项政策已经实施，统计推断(statistical inference)是用从研究总体中得到的样本数据推断整体中的结果。统计识别(identification)是分析从研究总体中得出的不同推断形式。有人可能想预测如果未在研究总体中实施这一政策会是什么样的结果，有人可能想预测与研究总体中观察到的不同的结果，或者有人可能想预测把已经在一个研究总体中实施的政策，用到其他所有目标总体中会有什么样的结果。

为了说明统计推断和统计识别二者之间的不同，先回顾一下我们关于食品药品管理局药品审批程序的讨论(参见 1.6 节)。一组人自愿参加临床试验，向他们随机分配处理方法。一个制药公司希望其研制的新药能够得到食品药品管理局的批准，它用临床试验观察结果验证下面的假设：与现有的其他药品相比，新药的疗效更好。验证这个假设用到了统计推断，即用样本数据推断潜在研究总体的用药效果。之前讨论的三种推断形式——从研究总体到目标总体，从不透明处理到透明处理，从替代指标到目标结果——都提出了统计识别问题。

虽然通过统计推断预测政策结果很困难，但是增加样本规模可以提高预测结果的准确性。然而，增加样本规模不能减少识别困难。在政策预测中，有一些常见的棘手难题。我在本书中把识别难题作为讨论的重点，特别讨论因观察不到反事实结果而产生的基本识别难题。

为了说明我的观点，我们考虑对罪犯的司法判决问题。法官在选择一项量刑政策时,会考虑该犯人如果被判处其他处罚,其再次犯罪的可能性。有人也许会观察在一个研究总体中,已被定罪的犯人在受到判决后,是否会再次犯罪。然而,如果该犯人受到的判决不同,就不能观察到在其他判决下他们是否会再次犯罪。

不能够观察到反事实结果是一个逻辑问题。这一问题不能通过收集新数据或者采用更好的测定方法加以解决。这是实证推断的一个根本性难题,只有做出把观测结果和反事实结果相关联的假设,才能加以解决。

2.3 预测强制实施一项处理方法的政策结果

这一章主要讨论处理反应分析中一个相对简单的问题,这一问题已经吸引了很多研究者的注意。假设一个研究总体的每位成员都可能接受两种处理方法中的一种,假设他们接受的处理方法为 A 方案或者 B 方案。现有的处理政策是一些人接受 A 方案,剩下的人接受 B 方案。我们观察这个研究总体实际接受的处理方案及其产生的结果。假设对处理的反应是个体化的,如果研究总体所有成员都接受同一种处理方案,那么我们想要预测在这个研究总体中或者相同构成的新总体中,可能产生的结果。

2.3.1 对罪犯的不同量刑与其是否再次犯罪的关系

我用曼斯基和尼根(Manske and Nagin,1998)对犹他州少年犯判刑和其再次犯罪的分析结果说明预测难题。根据现有政策,法官有自由裁量权,可以判决对一些罪犯无需实施监禁(A 处理方案),也可以判决对另外一些罪犯实施住所监禁(B 处理方案)。为了替换司法上的自由裁量权,假定有两种备选政策:一种是强制要求所有罪犯都必须被监禁,一种是强制要求所有罪犯都不必被监禁。难题是如何在以上备选政策下预测罪犯是否再次犯罪的可能性。

1. 背景

虽然接受不同处罚类型的少年犯及其是否再次犯罪的相关数据是能够充分获取的，但是研究者一直在争论，如果判处一个少年犯其他种类的处罚，反事实结果将会如何。另外，研究者对住所监禁措施和非住所监禁措施的优劣的看法存在较大分歧。

越轨行为的"治疗模式"（medical mode）观点支持实施监禁，这一模式把越轨行为视为潜在的且需要治疗的病理症状。按照这种观点，少年司法制度应该决定孩子们的哪些需求是病态的，引导各州将矫正资源用到改善他们的这些需求上来。因为监禁可以达到这一目的，所以其是有用的。

犯罪学家不支持对少年犯实施监禁，质疑司法制度是否能够有效地矫治罪犯。这一质疑部分源于对越轨行为的"标签式"观点。按照这种观点，对越轨少年的官方处置程序会产生一系列消极后果，即便其目的是为了挽救他们。如果一个人被监禁在一个居住设施中，他很可能会把自己看作"异类"，会使他与正常的生活隔离，还可能使他与和自己有同样感觉的人关系更加紧密，而这些人会加深他原有的疏离感。鉴于此，标签理论家提出了"次生越轨行为"（secondary deviance）假设，认为与不监禁相比，实施监禁更容易导致少年罪犯再次犯罪。

如何在治疗模式（实施监禁）和次生越轨行为假设（不实施监禁）这两个冲突性的预测之间做出选择，有效的方法也许是进行实验，即以随机方式判处一部分罪犯监禁，判处另一部分罪犯不用监禁。然而，对刑事司法政策的随机实验通常是不允许的。因此，对于判刑和是否再次犯罪的实证研究主要依赖于可观察的数据。研究人员把可得的不同处罚方式（是否实施监禁）的结果数据（是否再次犯罪）和所做出的假设结合起来进行分析，假定法官依据研究者可观察到的罪犯特征随机决定对其的处罚方式，可是这一强假设却令人怀疑。

2. 我们的分析

曼斯基和尼根（Manski and Nagin，1998）采用了一个审慎的分层模型，先不对法官如何判罚做出假设，然后从弱的、可信度高的假设转换到强的、可信度低的假设。我们研究了犹他州以前年份关于少年犯的大量历史数据，得到了不同的结论，发现结论取决于我们所做的假设。

首先，我们报告了如果不对法官的判罚做任何假设，所得到的区间预测结果（范围）。这里，我们只是假设实验反应是个体化的。然后，我们报告了在两种司法裁决模式下所得到的预测范围。结果优化模型（outcome optimization model）假设法官做出了可以降低犯人再次犯罪的判决；筛选模型（skimming model）假设法官把罪犯分为"高危的"和"低危的"两类，只判处高危罪犯监禁。每种模式都体现出易于理解的司法决策假设。最后，我们分析了表现形式为排他性限制（exclusion restriction）的假设，这一假设认为罪犯群体对于判罚的反应是相似的，但是他们面临不同的判罚规则。

得出的实证研究结果与所做的假设密切相关。如果没有量刑规则的假设或者反应假设，则所得到的关于两种判罚选择对再次犯罪可能影响的结论就不具有说服力。如果有了关于司法决策的假设，结果将会更加有说服力。如果我们相信犹他州法官选择的判罚方式是为了把再次犯罪率降到最低（结果优化模式），那么实证研究结果得到的结论认为，住所监禁增加了再次犯罪的可能性。如果我们相信法官是在筛选模型下做出判罚，那么结果就显示相反的结论：住所监禁对再次犯罪具有一定的抑制作用。使用排他性限制假设会增强上述两种相反的结论。

3. 个体化处理反应假设下的分析

我在这里描述的是非常简单的假设，即处理反应是个体化的。如果处理反应是个体化的，在现有选择性政策下被判处监禁又再次犯罪的罪犯，在要求实施强制监禁的新政策下还会再次犯罪。虽然政策变了，但是他们得到的处理没变，而且其他人受到的处理不影响他们的结果。因此，假设处理反应是个体化的，有利于弥补我们的知识在预测不受现有政策约束的罪犯其再次犯罪可能性上的不足。如果这些罪犯被监禁了，他们要么可能都不会再次犯罪，要么可能都会再次犯罪。

简言之，我把观测一个罪犯是否会再次犯罪作为二选一事件。如果一个罪犯在被判刑之后至少又犯一次罪，他就是累犯。如果他没有再犯罪，就不是累犯。我的目标是预测强制实行监禁政策时的再次犯罪率，这里用 R_{MB} 表示，R 表示再次犯罪率，MB 表示强制实行处理方法 B（实施监禁）。R_{MA} 是强制实行不监禁政策下的再次犯罪率。

我们可以观察到现有政策下的结果，特别是实际已经被监禁的罪犯的再次犯罪率（R_B）与实际没有被监禁的罪犯的再次犯罪率（R_A），以及实际被监禁的罪犯的比例（F_B）和实际没有被监禁的罪犯的比例（F_A）。F_B 与 F_A 相加等于 1。

个体化反应的假设和数据暗示了强制推行一种处理政策（监禁）或者另一种处理政策（非监禁）的再次犯罪率 R_{MB} 和 R_{MA} 的范围。这里我集中讨论 R_{MB}，因为后者与前者的推导是相似的。如果在现行政策下那些没被监禁的罪犯之后没有再次犯罪，R_{MB} 将会有最小值，他们的再次犯罪率就等于实际被监禁的罪犯的再犯率 R_B 乘以他们在总人数中的比例 F_B。在现有政策下，如果对所有未被判处监禁的罪犯判处了监禁，他们就可能再次犯罪，此时 R_{MB} 就可能有最大值。则 R_{MB} 就等于其下限值加上这些罪犯所占的比例 F_A。

总之，个体化反应的假设和数据暗示了 R_{MB} 的最小可能值等于 $R_B \times F_B$，R_{MB} 的最大可能值等于 $R_B \times F_B + F_A$，那么实行强制监禁政策时的再次犯罪率的范围就可以简单表示为：

$$R_B \times F_B \leqslant R_{MB} \leqslant R_B \times F_B + F_A$$

实行强制不监禁政策也有着一个相似的取值区间，在本案例中，如果用 A 代替 B，则强制不监禁政策下的再次犯罪率 R_{MA} 的范围就是：

$$R_A \times F_A \leqslant R_{MA} \leqslant R_A \times F_A + F_B$$

上述范围表明：只可以识别一部分处理反应。虽然个体化处理反应数据和假设不能产生有关 R_{MB} 或者 R_{MA} 的论断，但是的确给出了它们的取值范围。如果要得到确定的论断，就需要更强的假设，也就是说，还需要更强的假设才能将预测结果从一个区间缩小为一个点。

4. 数字性的结果

犹他州的数据显示，11% 的罪犯被判处了监禁，这些人中的 77%

会再次犯罪;因此,$F_B = 0.11$,$R_B = 0.77$。剩下的89%的罪犯没有被判处监禁,这些人中的59%会再次犯罪,因此 $F_A = 0.89$,$R_A = 0.59$。于是,R_{MB} 的下限值是 $0.08(=0.11 \times 0.77)$,上限值是 $0.97(=0.11 \times 0.77 + 0.89)$,两者之间的差达到 0.89,因为在现行政策下89%的罪犯没有被判处监禁。我们不知道如果实行强制监禁政策,这些人是否会再次犯罪。

R_{MA} 的下限是 $0.53(=0.89 \times 0.59)$,上限是 $0.64(=0.89 \times 0.50 + 0.11)$,二者之间的差是 0.11,表示在现行政策下被判处监禁的罪犯的比率(F_B)。因此我们可以看出,尽管数据反映了强制监禁政策下的再次犯罪率,但是主要揭示的是强制不监禁政策下的再次犯罪率。

5. 选择一项政策

先预习我们将要在第二部分探讨的难题,假定犹他州立法机关打算用强制监禁或者强制不监禁政策代替现行政策,目的是将再次犯罪率降至最低,并且立法者认为政策反应是个体化的,除此之外,他们认为其他假设都是不合理的。

在这一假设下,立法者可以预计,被监禁的罪犯的再次犯罪率在 0.08 和 0.97 之间,而强制不监禁的罪犯的再次犯罪率在 0.53 和 0.64 之间。他们可以将这两个取值范围与现行政策下的实际再次犯罪率进行比较,即:

$$R_S = R_A \times F_A + R_B \times F_B$$

这里的 S 表示维持现状的政策。如果用犹他州的数据,那么 R_S 等于 0.61。因此,两种政策(强制监禁或者强制不监禁)导致的再次犯罪率可能比现行政策高,也可能比现行政策低。在结论模棱两可的情况下,如何选择一项公共政策正是立法者面临的难点所在。

我们讨论的两种政策(强制监禁或者强制不监禁)排除了司法自由裁量权。我们观察到,现有政策下(法官有自由裁量权)的再次犯罪率处在这两种假定政策(强制监禁或者强制不监禁)的再次犯罪率的上下范围内。这并不是偶然,看一下等式里 R_{MB} 和 R_{MA} 的数值范围,不论数据采用何值,R_S 都位于这两个范围之内。

对这一发现有一个简单的解释。由于不能观察到一个罪犯是否再次犯罪的反事实结果，就不能驳倒处理方式（强制监禁或者强制不监禁）是否影响其再次犯罪率的假设。在这一假设下，R_S、R_{MB} 和 R_{MA} 有相同的值。

这是一个重要的负面结果，它显示了仅仅把现有政策下的结果数据和处理反应是个体化的这一假设结合起来，不足以确定一项即将强制推行的政策的成效是好于现有政策还是差于现有政策，因此需要更强的假设才能对政策的优劣进行比较。

2.4　相同的处理单元

鉴于分析师们报告的通常是政策结果的点预测，而不是区间预测，从本部分开始，我将描述用于点预测的不同的假设，并且解释它们如何得出有关预测结果的确定性论断。

也许，最基本的思路是假设不同的处理单元对处理的反应是相同的。也就是说，如果不同的单元接受了同样的处理方法，那么它们的结果将是相同的。假设处理单元相同并不是说它们是完全相同的，只是说他们对处理的反应方式是相同的。

假设有人想预测一项政策的结果，在这项政策下，所有处理单元都处于同一个目标总体中，他们将接受 B 处理方案。假设有这样一个处理单元，并且可以在研究总体中找到一个已经接受了 B 处理方案的相同单元，则他们可以得出结论说，如果这个处理单元也接受了 B 处理方案，那么它的结果将与已经接受了 B 处理方案的那个单元的结果相同。

自然科学中的控制性实验（controlled experiments）使用的也是上述推断方式。研究者准备两份样本，并且让它们在与接受处理相关的每个方面都是相同的。他对一份样本使用了 B 处理方案，观察其结果，假设样本的处理反应是相同的，那么我们观察到的已经接受了 B 处理方案的样本结果,将与还没有接受 B 处理方案但是即将接受该处理方案的样本的结果相同。

但是在研究人类行为时,分析师们不可能准备两份完全相同的样本,因为人类是复杂的。即使是一模一样的双胞胎,他们也仅仅是基因相同,但他们所处的环境是不同的。不论在教育、医疗还是其他方面,个人的反应都是不一样的。就算处理单元是某一地域而不是某个人,这样的复杂性同样存在。没有两个城市或者国家是完全相同的。然而,分析师们有时候仍然试图模仿上述对照实验推断。他们匹配看起来相似的处理单元,并且假设它们对处理方法的反应是相同的。

2.4.1　前后对比研究

通常的方法是比较一个处理单元在事件发生前后两个时点的结果。处理单元在事件发生前的环境被称为 A 处理方案,在事件之后的环境被称为 B 处理方案。前后对比研究(before-and-after studies)假设如果没有发生这一事件,处理单元在前后时间点上的结果是完全相同的。

2.1 节讨论的死刑对犯罪的威慑作用的评估中就内含了这样的假设,这一评估比较了所研究的州 1975 年(此时不可以使用死刑)和1977 年(此时可以使用死刑)的谋杀犯罪率。这一评估假设这些州在1975 年和 1977 年是完全相同的处理单元。因此,1975 年在这些州观察到的谋杀犯罪率揭示了如果其 1977 年未使用死刑情形下的谋杀犯罪率,1977 年观察到的谋杀犯罪率揭示了如果其 1975 年使用死刑情形下的谋杀犯罪率。

另一个例子是 1.4 节讨论的国防分析研究所的毒品政策报告(Crane,Rivolo and Comfort,1997)。这份报告的主要分析内容是把可卡因价格变化的时间序列和联邦政府发起的八项禁毒活动联系起来。数据显示,可卡因价格于 1989 年异常突发且持续的改变以及不时出现的快速上涨打断了其长期下行趋势。该报告的作者将这些变化归因于政府发起的八大禁毒活动，认为(pp.1—2)："可卡因价格下降速度的突然变化和每次的快速上涨都出现于毒品来源国内部的重大禁毒活动之后，因此二者存在因果关系。"国防分析研究所据此进行了八项前后对比研究，假设禁毒活动发生前后的一段时期内，除了禁毒活动的影响之外，可卡因市场运营的其他方面都保持不变。

国家研究委员会审阅了国防分析研究所的研究报告，认为这个假设不可信，具体如下(National Research Council，1999，p.43)：

> 该研究的假设、数据和研究方法都存在重大缺陷，不能作为评估禁毒政策效果的依据。例如，不能据此假设认为，可卡因价格下降趋势的变化主要是由政府的禁毒活动引起的，而不是由影响可卡因市场的其他因素导致的。

2.4.2　双重差分研究

许多报告了处理效果双重差分估计的实证研究，都内在假设相同的处理单元也会存在结果上的不同。这些研究尽管允许结果在各个处理单元之间存在不同，但是都假设不同的处理单元在时间趋势和处理反应这两个方面是相同的。

回顾 2.1 节所述的关于死刑威慑作用的第三个预测。它比较了1975 年和 1977 年使用死刑州和未使用死刑州的谋杀犯罪率的短期变化。这个预测也可以由以下假设推导得出：谋杀犯罪率受不同州、不同年份以及是否使用死刑等因素的影响。上述关系可表示如下：

使用死刑情况下的谋杀犯罪率＝州效应＋年份效应＋死刑效应
不使用死刑情况下的谋杀犯罪率＝州效应＋年份效应

这些等式允许各州有不同的谋杀犯罪率，但是年份效应假设它们有相同的时间趋势，死刑效应假设在所有州和所有年份中谋杀犯罪率对死刑的反应是相同的。对这些等式的一些运算(Manske and Pepper，2012)得到了关于死刑影响效应的双重差分估计，即：

死刑效应＝1975—1977 年在使用死刑的州中观察到的谋杀犯罪率的
　　　　变化－1975—1977 年在不使用死刑的州中观察到的谋杀
　　　　犯罪率的变化

快餐店里的就业和最低工资

大卫·卡德和阿兰·克鲁格很好地利用了这一推断（Card and Krueger，1994，1995）。经济学家一直试图评估最低工资对就业的影响。卡德和克鲁格比较了 1992 年 3—12 月间新泽西州和宾夕法尼亚州东部快餐店就业的变化，试图对这一问题产生新发现。1992 年 3 月，两个州的小时最低工资都是 4.25 美元。1992 年 4 月，新泽西州的小时最低工资上涨到 5.05 美元，而宾夕法尼亚州东部仍然是 4.25 美元。

他们报告的双重差分估计结果如下：

最低工资效应＝新泽西州 1992 年 3—12 月间的就业变化－
　　　　　　同时期宾夕法尼亚州东部的就业变化

这个评估可基于如下假设得出：就业受不同州、不同年份和不同最低工资水平的影响：

较高最低工资水平下的就业＝州效应＋月份效应＋最低工资效应
较低最低工资水平下的就业＝州效应＋月份效应

这些等式允许新泽西州和宾夕法尼亚州东部的就业情况存在不同，但是月份效应假定它们有相同的时间趋势，最低工资效应假定在各州和各月内就业对最低工资的反应是相同的。

两位作者发现在 1992 年 3—12 月间，宾夕法尼亚州东部快餐店的雇佣量下降了，但是新泽西州并没有发生这种情况。对此，他们得出结论（Card and Krueger，1994，p.792）：

> 我们的发现与教科书中的最低工资模型得出的预测结果刚好相反。没有证据表明新泽西州最低工资的上涨减少了当地快餐店的就业……我们发现，最低工资的提高反倒增加了就业。

卡德和克鲁格认为，他们的这一系列发现颠覆了传统经济学中的最低工资理论。他们大胆地将其 1995 年出版的关于这一问题的新书命名为《谜题与度量：最低工资的新经济学》(*Myth and Measurement*：*The New Economics of the Minimum Wage*)。

为了证明相同处理反应这一假设的合理性，作者写道(p.773)：

> 新泽西州是个小州，经济与邻州联系紧密。我们相信宾夕法尼亚州东部的快餐店可以作为一个控制组与新泽西州的快餐店进行比较。

然而，该书的一些读者认为，不能确保它们的处理反应是相同的。例如凯南(Kennan，1995)在一篇评论文章中写道(p.1958)：

> 很多读过经济学教科书的人(也包括没读过的人)知道这个实验的预期结果：在其他情形相同的情况下，新泽西州的就业应该下降，而不是宾夕法尼亚州的。但是，要是其他条件不同呢？要知道，他们对比的是初春和初冬的就业情况，其间一定会发生很多变化。我们只能期待影响新泽西州快餐行业的其他因素发生的变化在宾夕法尼亚州也同样发生了。如果真是如此，则最低工资水平上升的影响就表现为两个州之间就业变化的不同。

对于凯南来说，两州之间的就业变化对比是否近似于控制实验中的情形，仍然值得推敲。

2.5　相同的处理组

虽然个体对处理的反应完全相同这一假设是不可信的，但是处理组有相同的反应分布这一假设仍然是可信的。这个观点强调了随机实验的可取之处。这里我解释一下。

　　首先,处理组(treatment groups)是一个研究总体中多个处理单元的集合体,根据现有政策,它们接受同一处理方法。那些接受了 A 处理方案的是一个处理组,那些接受了 B 处理方案的是另一个处理组。一般来说,一个处理组的成员可能是混杂的,每个成员有不同的处理反应。处理组的反应分布就说明了这样的特点,反应分布描述了一个处理组内不同反应出现的频率。我认为,如果两个处理组的反应分布是相同的,那么它们就是相同的处理组。

　　说明:考虑一下量刑和再次犯罪关系的那个案例。一个罪犯的处理反应通过一对潜在结果表现出来,即(没有被监禁的罪犯是否再次犯罪,被监禁的罪犯是否再次犯罪)。令罪犯再次犯罪时的结果取值为1,不再次犯罪时的结果取值为 0。然后会有四种可能的反应:(0, 0),(0, 1),(1, 0),(1, 1)。(0, 0)表示不论受到何种处理,罪犯都没有再次犯罪。(0, 1)表示在 A 处理方案(不实行监禁)下罪犯不会再次犯罪,但是在 B 处理方案(实行监禁)下会再次犯罪,以此类推。

　　一组罪犯的反应分布是本组中每种反应形式发生的频率。在现行政策下,如果每组四种反应形式发生的频率相同,则接受了 A 处理方案和 B 处理方案的罪犯组就有相同的反应分布。

　　重要的是明白有相同反应分布的处理组不一定有相同的实际结果分布。接受 A 处理方案的组的实际结果就是它们经历这种处理的后果。接受 B 处理方案的组的实际结果就是它们经历那种处理的后果。

　　明白了以上这些,假定有人想预测在一个组中强制推行 B 处理方案的政策结果。假设 A 和 B 处理组是相同的,即有相同的反应分布,那么就可以推断,如果 A 组接受了 B 处理方案,那么它们的结果分布将会与 B 组的实际结果相同。因此,如果一项政策强制推行 B 处理方案,则这个总体中的结果分布会和现有政策下 B 组的实际结果分布是一样的。

　　显然,假设处理组相同比假设处理单元相同要弱得多。从预测政策结果的角度来说,人们有理由质问为何要弱化这一假设(即通常假定处理组是相同的,而不是假定处理单元是相同的)。答案是显而易见的:如果假设处理单元是相同的,则可以预测那些接受了某个处理方案的人会出现的结果。如果假设处理组是相同的，则只可以预测结果的群体反应分布，而不能预测特定个人的处理结果。

因此，有一个较弱的假设就足够了。政策分析的目标通常是预测群体结果的分布，而不是特定个人的结果。例如，在某个司法政策的讨论中，我假设立法者的目标是将群体中的再次犯罪率降到最低，而不是将某个特定罪犯的再次犯罪率降到最低。

2.5.1 随机分配处理方案的实验

我们什么时候应该相信处理组是相同的呢？在观察研究中，只要分析师观察到处理结果是通过某种分散方式选择的，相同处理组这一假设就值得怀疑。例如：在具有司法裁量权的量刑中，没有理由相信被判处监禁的罪犯和没被判处监禁的罪犯会有相同的处理反应分布。

或者，考虑 2.1 节所述的关于死刑威慑作用的第二种预测，这一预测比较了 1977 年使用死刑和不用死刑的州的谋杀犯罪率的不同。如果假设上述州的居民都有相同的犯谋杀罪的倾向，那么就可以用这个预测解释死刑威慑作用对全国谋杀犯罪率的影响。但是，以上假设可能是合理的，也可能是不合理的。

然而，相同处理组这一假设是处理反应分析的基础，因为当现有政策是一个随机分配处理方案的经典实验时，这个假设就是很可信的。

在一个随机实验中，从研究总体中随机选出两个样本，给一个样本的成员分配 A 处理方案，给另一个样本成员分配 B 处理方案。我认为，如果假设处理反应是个体化的，并且样本所有成员都接受分配给自己的处理方案，那么我们就可以说这一实验是"经典的"。以上这些假设是统计学家费舍尔（R.A.Fisher）在他早期具有很高影响力的随机实验方法论研究中做出的（Fisher，1935），它们一直被运用在相关研究中。

在一个经典实验中，一个随机样本接受了 A 处理方案，另外一个样本接受了 B 处理方案。随机抽样暗示，两个处理组的处理反应分布很有可能与总体的反应分布是相似的。样本容量越大，相似程度越高。

因此,如果经典实验的样本数足够庞大,那么各个处理组相同或非常相似这一假设是十分可信的。

2.5.2 "黄金标准"

尽管本书不是历史书,但是我认为描述一下政策分析中随机实验运用的重要发展还是很必要的。我在此把视点仅限于美国。

通过随机临床试验了解药品的治疗效果始于 20 世纪 50 年代,特别是在新索尔克(Salk)脊髓灰质炎疫苗实验十分可信地证明了这一疫苗的有效性之后。1962 年,美国修订了《1938 年食品、药品和化妆品法》,随机临床试验成为美国食品药品管理局药品审批程序的核心内容(Fisher and Moyé, 1999)。医学研究人员高度重视随机临床试验,经常将之称为评价治疗效果的"黄金标准"(gold standard)。

在医药领域之外的政策分析中,随机实验的一项早期运用值得注意,这就是 20 世纪 60 年代开始的佩里学前教育项目(Perry Preschool Project)。佩里随机选出 60 个生长在密歇根州伊普斯兰蒂市(Ypsilanti)的 3—4 岁黑人孩子作为样本组,向他们提供激励性的社会服务和教育,又随机选出一个具有同样特征的样本组作为控制组,对该组的孩子不提供任何特殊服务。这一跟踪实验一直持续到两组孩子长大成年。

20 世纪 60 年代中期到 70 年代末期,随机实验用来评估的重大项目包括负所得税计划、国家健康保险计划等。这个时期的不同实验参见豪斯曼和维斯(Hausman and Wise, 1985)的描述。

20 世纪 80 年代,随机实验成为评估联邦政府和主要基金会负责的职业培训项目和福利项目的主导方法。由于不满意 20 世纪 70 年代有关职业培训的观察性研究结果,80 年代中期,联邦劳工部(Department of Labor)开展了对《职业培训合作法》(Job Tranning Partnership Act, JTPA)的实验性评估。由福特基金会(Ford Foundation)和人力示范研究公司(Manpower Demonstration Research Corporation)开展的一系列实验使得联邦政府将实验分析法作为评估福利改革的首选方法。

这个时期的实验详见曼斯基和加芬克尔（Manski and Garfinkel，1992）的论述。

到 20 世纪 90 年代初期，实验方法已经成为正统方法。在老布什政府时期，美国卫生与公共服务部的助理秘书安妮·伯恩哈特（Anne Barnhart）在关于福利接受者职业培训项目的评估中写道：

> 实际上，培训项目的非实验研究已经显示该研究方法是不靠谱的，因此国会和行政部门都坚持对《职业培训合作法》以及《工作机会与基本技能项目》（Job Opportunities and Basic Skills，JOBS）使用实验方法进行评估。（见 U. S. General Accounting Office 1991，appendix 2）

伯恩哈特认为非实验研究不可靠的观点和一些社会学家的观点是一致的。他们认为观察研究不能作为推断处理反应的可靠依据。巴斯和阿森菲尔德（Bass and Ashenfelter，1986）以及拉伦德（LaLonde，1986）建议，处理反应研究的重点应放在随机实验的设计和实验结果的分析上。随机实验为分析处理反应提供了极好的实证依据，这一观点在国家研究委员会有关艾滋病预防项目的评估报告中可以得到证明，这一报告声称（Coyle，Boruch and Turner 1991，p.125）："操作规范的随机实验在评估一项干预政策的效果时要求使用尽可能少的假设。"

2.6　实践中的随机实验

当研究者说随机实验为评估处理反应的效果提供了黄金标准时，他们认为处理反应是个体化的，且在实验中所有成员都接受分配给自己的处理方案，因此可以由实验结果推断目标政策。实际上，实验也基本上源于这个理想化的假设。下面我解释为什么。

2.6.1 推断

在第 1 章中,我提醒大家注意美国食品药品管理局药品审批程序中出现的随机临床试验推断难题。讨论过的难题之一就是如何从随机临床试验双盲分配的处理方案中进行推断,这个难题只是针对药品随机临床试验的,但是,在政策分析随机实验中还经常出现其他难题。

首先,实验中的研究总体经常与政策的目标总体存在实质上的区别。伯恩哈特所说的《职业培训合作法》的实验评估中就有一个这样的例子。《职业培训合作法》评估项目的处理单元是为失业工人提供职业培训的场所。这个实验的设计要求随机选择培训场所。然而,评估者没有权力强迫这些培训场所参与实验。霍特兹(Hotz,1992)介绍说,评估人员最初打算随机选择培训场所,但是不能保证这些被选中的场所愿意进行合作。后来为了争取它们的合作,评估人员不得不向非随机选择的场所给予大规模财政支持。有人会质疑这些合作场所的处理反应分布是否与《职业培训合作法》适用的全国人口相同。

其次,随机实验持续时间短,这使得研究人员只能测量替代指标,而无法获取目标政策的实际结果。我们经常想知道长期的处理结果会怎样,但是短期研究只揭示了阶段性的结果。例如,在考虑学前教育政策时,社会想知道这项政策将会怎样影响孩子今后的生活,包括大学入学、工作、有无犯罪等。然而,短期研究只能测量孩子未成年时的表现,如考试分数。很难从这样的短期研究结果可信地推断出长期目标结果。

最后,通过实验对所有潜在影响进行评估是不切实际的。本章和关于处理反应的大部分文献都把真实世界中的选择难题大幅度地简化为比较 A 和 B 两个处理方案。然而,现实的处理方案可能是从 A 到 Z,甚至更多。由于实验的样本规模有限,因此实验研究者将主要精力集中于他们想评估的处理方法上。

2.6.2 遵从

如果参与者接受了分配给他们的处理方案，那么这个参与者是遵从实验分配的。实际上，实验参与者可以选择不遵从分配给自己的方案。考虑一下食品药品管理局药品审批程序中的随机临床试验：提供一些药品给参与试验者，指导他们按照要求服用。然而，有些人也许不遵从要求。

曼斯基（Manski，2007a，chap.7）认为，由于不能假设参加实验者全都会遵从要求，只能在部分实验者遵从的情况下得到数据，再从这些数据中推断强制推行一项特定政策（处理方法）的区间预测结果。这种情形和我在 2.3 节讨论的量刑与再次犯罪之间的关系这一问题类似。下面，我探讨一个关于劳动力市场政策的实验。

1. 伊利诺伊州的失业保险实验

伊利诺伊州的失业保险实验是在 1984—1985 年进行的。这一实验向新失业的人员随机提供两种保险：传统的失业保险（unemployment insurance，UI），或者工资补贴型失业保险，即如果失业人员在 11 个星期内找到了全职工作，则将失业保险作为工资补贴支付给向他们提供工作的雇主。问题的关键是失业人员能否在规定时间内找到工作。

失业人员是否遵从这样的保险规定是一个重要问题，因为是否参与工资补贴型的失业保险是自愿的。实际上，32％被分配到工资补贴型失业保险的人转而选择了传统的失业保险（Dubin and River，1993）。

假定目标是预测所有失业者都接受了工资补贴型的失业保险时的结果。这一政策的可能结果只有两种：失业者要么在 11 周之内找到了工作，要么仍然没有找到工作。但是，这个实验只揭示了接受了工资补贴型失业保险的 68％的失业者的结果，而没有揭示剩下的 32％不愿接受这一规定的失业者的结果。因此，由于缺乏关于不遵从规定的人的假定，实验数据得出的就业成功率就有一个 0.32 的间断。

在只有部分人遵从规定的实验中，研究者经常做出的是有关处理反应的点预测，而不是区间预测。为了这样做，一些研究者必须对不遵从情况做出假设。其他研究者不试图预测实施一项特定处理方案的政策结果。我接下来讨论有关上述两种做法的典型案例。

2. 随机性的遵从

假设一个人知道哪些参加实验者会遵从要求，哪些人不会遵从要求。在伊利诺伊州的失业保险实验中，我们可以得到上述信息，因为每个失业者必须报名参加两种失业保险类型中的一个。但是在随机临床试验中，我们不知道一个参加者是否会遵从相关要求，因为他们可以自己管理自己的实验，而且他们可能不会准确报告自己的行为。

研究者经常假设遵从者组和不遵从者组有相同的处理反应分布，然后可以说遵从是随机的。在这一假定下，从遵从特定处理方案的组中得到的结果分布与整个总体的结果分布是一样的。

问题是这一假设的可信性有多大。个人通常都会遵从分配给自己的处理方案，但是也有理由认为选择遵从与选择不遵从的人会有不同的处理反应分布。

伊利诺伊州的失业保险实验表明，失业者会将工资补贴型失业保险视为侮辱性的。因此，在被分配了工资补贴型失业保险的失业人员中，那些相信即使没有工资补贴也能找到工作的人会选择较少地遵从，而认为就业前景黯淡的人会选择更多地遵从。在随机临床试验中，认为医疗条件没有改善的参与者不会遵从分配给自己的处理方案，而认为医疗条件有改善的参与者会遵从该处理方案。

3. 意向性的处理

研究者有时不会试图预测强制实施一项特定处理方法的政策结果。相反，他们强调研究目标，这一目标使得不遵从在逻辑上是不可能的。考虑一种常见的情形，A 是现有的处理方案，群体中所有成员都可使用；B 是新处理方案，只给被分配了此方案的实验者使用。研究者有时会预测让人们自行选择 B 方案的政策结果，而不是预测强制实施 B 方案的政策结果。他们把随机分配 B 方案解释为"给参与者提供选择"而不是"强制其参加"。因此在这一分配方式下，不遵从现象在逻辑上是不可能出现的。这种提供处理方案选择的方式被称为"意向性的处理"。

把 B 组看作自愿接受而不是被强制实施处理方案，这一想法没有解决最初的预测难题，而是通过重新定义研究目标回避了这一难题。最初的目标是研究如果每个人都实际接受了 B 处理方案，将会出现什么样的结果；重新定义的目标是研究如果让每个人可以选择处理方案，将会出现什么样的结果。

我们再考虑一下伊利诺伊州的失业保险实验。伍德伯里和斯皮格尔曼（Woodbury and Spiegelman，1987）把这个实验描述为随机向失业者分配传统的失业保险或者工资补贴型的失业保险，允许失业人员从中选择一个。因此，他们关注的是遵从现象，并且用经典实验方法分析实验数据。这与迪宾和里夫斯（Dubin and Rivers，1993）形成了对比，他们主要关注的是不遵从现象。

以上两组研究人员的发现不同，部分是因为研究者的目标不同。伍德伯里和斯皮格尔曼想要预测失业人员可以自愿选择两种保险方案时的结果。迪宾和里夫斯想预测如果用工资补贴型的失业保险替代传统失业保险，可能发生什么样的结果。

2.6.3 混合难题

如果一个实验允许参与者选择处理方案，但目标政策要求必须使用该处理方案，那么就会出现不遵从现象。相反，如果随机实验强制实施一种处理方案，但目标政策又准许参与者选择是否参加时，就会出现混合难题（mixing problem）。

我曾经界定和研究过混合难题（Manski，1997a）。下面，我将以学前教育政策预测为例说明什么是混合难题。

1. 从佩里学前教育项目进行的推断

学前教育项目随机实验的目的是研究处理组和控制组成员分别参加或者不参加某一项目时，他们的结果会有何不同。通常是进行经典实验，要求参与者完全服从规定的处理方案。如果实验成功了，对处理组和控制组的观察就会揭示学生被强制参与该项目或该项目根本不存在时可能发生的结果。

　　考虑一项政策将会给父母提供一个新项目,但不强制他们让孩子报名参加。这项实验仅部分揭示了这一政策的结果,其结果取决于项目参与情况、两组人员反应的联合分布情况以及实验没有揭示的数量。我的混合难题研究将会展示实验揭示了什么。

　　为了进行量化说明,我把参加佩里学前教育项目的学生作为研究对象,把这个研究项目称为一个经典的随机实验。在实验中,参加了学前教育的处理组学生的高中毕业率是 0.67,而控制组(未参加学前教育)学生的高中毕业率是 0.49。数据揭示了被强制参加和不被提供学前教育对高中毕业率的影响。然而,数据没有揭示如果可以自由选择是否参加学前教育项目的情况下,结果将如何。

　　有人也许会认为,如果可以自由选择是否参加学前教育的话,高中毕业率可能会在 0.49 和 0.67 之间。具体数字取决于项目参与情况。如果孩子参加学前教育一定不比不参加要差,那么以上结论就是正确的。如果父母是随机决定是否让孩子入读学前班,这个结论也是正确的。然而,假想有人发现这两个假设都是不可信的。我的分析显示,如果一个人不知道父母将如何选择,那么他仅能认定被提供了学前教育选项的学生的毕业率就在 0.16 和 1 之间。

　　如果父母的目标是尽可能让他们的孩子高中毕业,那么将会出现两个极端的结果。如果父母完全理解实验反应,那么其孩子的高中毕业率将会为 1;如果父母完全误解了实验反应,并因此为其孩子做出错误决定,那么其孩子的高中毕业率会降低至 0.16。

　　为了理解这一结果,我们需要明白经典实验的结果揭示了什么,以及没有揭示什么。首先,强制或者禁止学生参加学前班的经典实验,完全不能揭示如果父母可以自由选择时,他们将如何决策。其次,这个实验仅部分揭示了实验反应的分布。

　　为了正确理解一项实验结果揭示了什么,我们观察每个孩子可能有的两种高中毕业结果:未参加学前班的学生是否高中毕业和参加了学前班的学生是否高中毕业。如果一个孩子顺利毕业了,结果取值为 1,如果没有毕业,结果取值为 0。有四种可能的组合:(0,0)、(0,1)、(1,0)、(1,1)。(0,0)表示孩子不管是否参加学前教育,都没有毕业;(0, 1)表示一个孩子接受了 A 方案(未参加学前班)时不会毕业,但是接受了 B 方案(参加学前班)时会毕业,以此类推。

让 $F(0, 0)$ 代表出现反应形式 $(0, 0)$ 的比率, $F(0, 1)$ 代表出现反应形式 $(0, 1)$ 的比率,以此类推。观察佩里学前教育项目中处理组的结果,就可以发现被强制要求参加学前教育的孩子的高中毕业率是 0.67,即 $F(1, 1)$ 和 $F(0, 1)$ 的和;同时, $F(0, 0)$ 和 $F(1, 0)$ 相加等于 0.33。观察控制组的结果,发现没有参加学前教育的孩子的高中毕业率为 0.49,即 $F(1, 0)$ 和 $F(1, 1)$ 的和;同时, $F(0, 0)$ 和 $F(0, 1)$ 相加等于 0.51。综上所述,实验结果如下:

$$F(0, 1) + F(1, 1) = 0.67 \qquad F(0, 0) + F(1, 0) = 0.33$$
$$F(1, 0) + F(1, 1) = 0.49 \qquad F(0, 0) + F(0, 1) = 0.51$$

反应形式为 $(1, 1)$ 的孩子表示不管其是否参加学前教育,他都会毕业。反应形式 $(0, 0)$ 表示不管孩子是否参加学前教育,他都不会毕业。实验只影响那些反应形式为 $(0, 1)$ 和 $(1, 0)$ 的孩子,这两种小孩所占的比例越高,父母的选择对毕业率的潜在影响就会越大。

在所有与实验结果一致的频率分布中,使得 $F(0, 1)$ 和 $F(1, 0)$ 尽可能大的频率分布可以表示为:

$$F(0, 0) = 0 \qquad F(1, 0) = 0.33$$
$$F(0, 1) = 0.51 \qquad F(1, 1) = 0.16$$

在以上反应分布中,如果反应分布为 $(0, 1)$ 的孩子的父母选择让孩子参加学前班,反应分布为 $(1, 0)$ 的孩子的父母不让孩子参加学前班,那么毕业率将达到最高。也就是说,如果父母想最大可能地让孩子毕业,他们的结果将是 100% 的毕业率。

另一种极端情况是,如果反应分布为 $(0, 1)$ 的孩子的父母选择不让孩子参加学前班,反应分布为 $(1, 0)$ 的孩子的父母选择让孩子参加学前班,毕业率将达到最小值。也就是说,无论父母是出于个人偏好,还是误解了实验反应,他们都将使得孩子的毕业率最小,此时的毕业率只有 16%。只有反应分布为 $(1, 1)$ 的孩子能够顺利毕业。

2.6.4　社会相互影响

在分析处理反应时,通常假设"处理反应是个体化的",但是我们通常有充分理由对这一假设的现实性表示怀疑。我前面引用的接种疫苗防治传染病的案例就是很好的一个例证。在讨论其他不同的政策难题时,我本可以同样提出相互影响的可能性。

例如,帮助失业者再就业的项目不仅影响项目参与者,也影响其他非参与者,因为劳动力市场是充满竞争的。经济学家把就业视为雇主和工人之间相互影响的结果。工人提供劳动,雇主雇用工人。假设一个就业培训项目或者类似伊利诺伊州工资补贴型的失业保险项目,使参与者得到了雇主的青睐,那么就有理由相信这些参与者比其他人更容易得到工作,同时非参与者的就业机会将减少。

局部的和全局的相互影响

分析具有社会相互影响的处理反应要复杂得多,因为人与人之间可以通过多种方式相互影响。研究者可以对此提出无数个假设。在此,我只区分局部性的和全局性的相互影响。随机实验只能识别局部性相互影响下的处理反应。

随机分配处理方案的一个经典争论是假设在一个大总体中处理反应是个体化的。然而,它并未明确组成总体的"个体"的特征。在我之前的政策分析例子中,处理单元是人。即使把总体划分为众多"对称"的由个人组成的参照组,上述争论仍然存在。"对称"是指虽然每个组内的成员之间有相互影响,但是与其他组成员没有相互影响,即相互影响只限于组内。参照组可以是家庭、班级同学或者邻居。在此类或者相似的例子中,我们可以把处理单元视为参照组,把政策问题视为参照组对处理方案的选择,通过向参照组随机分配处理方案来识别他们的处理反应。这种类型的相互影响是局部性的(local)。

如果总体中的所有成员都潜在地相互影响,那么社会相互影响将是全局性的(global)。这样,这个总体组成了一个参照组。当相互影响是全局性的时候,随机实验就没法预测处理结果。不论是随机分配处理方案,还是采用其他方式分配处理方案,实验得到的都是总体对一个已实现的处理集合的处理反应情况。除非有办法限制总体间的相互影响,否则无法预测任何总体处理反应的反事实结果集合,因为仅改变一个人的处理方案,会引起总体其他所有成员的结果发生变化。

2.6.5 实验数据的可靠性分析

由于以上及其他原因,实际的随机实验与黄金标准下理想的随机实验是不同的。严肃的研究者早就发现了这一点。尽管我在第 1 章里批评唐纳德·坎贝尔把内部效度看得比外部效度更重要,但是我也应当澄清,他已经认识到了实践中的很多实验难题。坎贝尔和斯坦利(Campbell and Stanley,1963)的一本书对很多关心项目评估的社会学家来说是一本非常好的著作,堪称此研究领域中的"圣经",该书讨论了大量"有损实验效度的因素"。

经济学文献中,推断和遵从难题是研究人员 20 世纪 70 年代和 80 年代分析负所得税和福利项目数据的关注重点。由豪斯曼和怀斯(Hausman and Wise,1985)以及曼斯基和加芬克尔(Manski and Garf-inkel,1992)编辑的书卷中有众多贡献者认为,研究者如果想要提供可靠的政策结果预测,就必须面对这两个难题。

在实践中,随机实验能够揭示什么可信的结果呢? 有的分析师虽然支持进行实验,但是他们只是反复强调必须认真设计实验,却不提供有价值的指导。很多社会项目的评估实验没有触及政策实验中的推断难题,即怎样从实验推导至目标政策。第 1 章中提到的一个典型例子就是格伦和波利(Gueron and Pauly,1991)报道的关于福利改革实验的系列分析。

我认为,首先认识一个实验可能在哪些方面不符合经典实验的要求,并且研究在此情形下如何进行推断,可能更具有建设性。即使一个实验没有得出有关政策结果的可信论断,也可能得出可信的区间预测。我在前面关于遵从和混合难题的分析中已经说明这是可能的。

2.7　观察研究中的随机处理选择

在介绍相同处理组这一假设时,我已经说过,观察研究中的这一假设经常是值得怀疑的。然而,研究者在进行观察研究时,经常假设非随机选出的处理组具有相同的处理反应分布。

分析师如果觉得处理组具有相同的处理反应分布这一假设不那么有说服力,通常会把研究总体划分为具有各自特征的不同小组。这些特征通常被称为协变量(covariates)。然后,他们假设具有相同协变量且接受了不同处理方案的小组具有相同的反应分布。实际上,他们解释实验结果数据时,就好像这些数据是根据一系列协变量进行的随机实验得到的。

为了支持根据协变量划分的组内的实验是随机的这一假设,研究者经常说,将研究总体按照相同协变量进行分组是为了"控制"处理方案的选择。但是,他们没有解释使用"控制"一词实质上是想表达什么。他们也许认为,就像自然科学里的控制实验一样,有相同特征的人就是相同的样本。但是,如果真是如此,所有具有相同协变量和接受了相同处理方案的人应该有相同的结果。实践证明结果并非如此。这个规则只适用于观察异质性的结果。

不幸的是,对于在组内随机分配实验方案这一假设的合理性的证明,多数情况下研究者仅是声称协变量"控制"了实验方案的选择。考虑一下对罪犯进行司法判决的例子就能明白这种情况。研究者经常把罪犯按照性别、年龄、民族以及是否有犯罪前科划分为不同的组。他们假设对每个组的司法判决方案都是随机的,但是没有提出相关的司法行为知识支持上述假设。

法官有时可能基于案件的特点做出判决——从证人的证言到罪犯的认罪态度——但分析师可能没有观察到这些特点,而处理反应的分布可能会随着这些特点而变化。如果是这样的话,在根据分析师观察到的特点进行划分的组内,处理方法的选择就不足以被认为是随机的。

史密斯和帕特诺斯特（Smith and Paternoster，1990，pp.1111—1112）的观点引起了犯罪学家的注意：

> 犯罪风险高的年轻人更有可能受到更严厉的处罚。因此，不管少年犯法庭的判决和他们将来是否再次犯罪有无关系，受到更严厉制裁的青少年都更有可能再次犯罪。

他们认为，基于研究者能够观察到的协变量，假设对罪犯的司法处理方案是随机选择的，是不合情理的。

2.7.1 理性的处理选择和选择性偏误

在关注政策分析的社会科学界中，经济学家尤其怀疑有目的的处理选择会产生相同的处理组这一假设是否可靠。经济学家们通常把选择看作一个理性活动，决策者评估备选方案的优点，从中选择看上去最有效的方案。因此，经济学家们假设决策者首先会预测备选方案的结果，然后据此选择最有效的方案。

决策者选择处理方案时关注的结果和政策分析中的目标结果会有重叠，这通常是显而易见的。如果是这样的话，那么处理选择就不会产生相同的处理组。相反，组内接受 A 方案成员的处理反应分布会与接受 B 方案的反应分布有很大的不同。这个现象有时被称为选择性偏误（selection bias）。

具有完全预见性的结果优化

在一个做出了两个假设的经济模型下，选择性偏误尤其突出：第一，假设研究总体中的决策者将选择使自己在政策分析中受益结果最大的处理方案。第二，假设他们完全了解每个处理反应的后果，这被称为完全预见性（perfect foresight）。赫克曼和泰伯（Heckman and Taber，2008）谈到，具有完全预见性的结果优化是"经济学里最重要的模型"。他们将其称为罗伊模式（Roy Model），因为英国经济学家罗伊以前将其用于职业选择和收入关系的研究（Roy，1951）。

例如在治疗方案的选择中，决策者可能是主治医师。主治医师和社会都关注病人的存活年限。具有完全预见性的结果优化模型假设，主治医师知道每个备选方案下病人的存活期限是多长，然后从中选择一个使病人存活年限最长的方案。

或者考虑一下司法判决，这里的决策者是法官。法官和社会都关注罪犯是否会再次犯罪。具有完全预见性的结果优化模型假设，法官知道不同判决导致的结果，然后从中选择一项能使罪犯再次犯罪可能性最小的判决。

具有完全预见性的结果优化模型做出了如此强的假设，以至于我不把它当作对处理选择的真实描述。虽然有时我们可以认为，决策者给研究对象选择处理方案时所关注的结果和政策的目标结果是相同的，但是，在政策分析师竭尽全力也只能掌握部分知识时，很难期望决策者能够完全了解处理反应。

尽管如此，该模型仍然说明了选择性偏误是如何产生的。无论在何种情况下，具有完全预见性的结果优化模型都意味着接受 A 方案和 B 方案的处理单元组会有不同的处理反应分布。在接受 A 方案的组中，A 方案产生了比 B 方案更好的结果；相应地，在接受 B 方案的组中，B 方案产生了比 A 方案更好的结果。

2.7.2　断点回归分析

要想假设处理方案是基于观察到的协变量随机分配的，恐怕只有在一个制度性程序仅使用观察到的协变量向个人分配处理方案时才是最合适的。此时可以假设有相同协变量但接受不同处理方案的组有相似的处理反应分布。

这一观点是由西斯尔思韦特和坎贝尔（Thistlethwaite and Campbell, 1960）提出来的，他们比较了两组高中生的一些结果，这两组高中生情况类似，但接受了不同的处理方案。两组学生成员都在全国性的比赛中获得了好成绩，其中一组学生以证书形式获得了公开认可，另一组学生以个人推荐信形式获得了较少的认可。按照规定，授予学生优等证书还是给他们出具推荐信，主要取决于他们的标准测试分数。如果学生的分数高于规定的门槛线，就授予其优等证书；如果学生的分数稍低于门槛线，就给他们出具推荐信。

西斯尔思韦特和坎贝尔关注了分数接近门槛线的两组学生。一组学生的成绩稍微高于门槛线，获得了优等证书；另一组学生的成绩略低于门槛线，获得了推荐信。作者判断，两组学生在组成上是类似的，认为分数在门槛线附近反映出的是考试成绩的随机性差异，而不是学生资质的差异，因此作者分析了此种类似随机分配处理方案的情况下，两组学生的表现有何不同。

他们用断点回归分析（regression-discontinuity analysis）这一术语描述他们的观点。这一术语的解释是：估计考试结果的回归分析将发现，估计结果会随着考试分数平稳变动。（考试分数的回归分析可以衡量两组学生的平均结果如何随分数变化。）然而，以门槛线分配学生的方法可能会产生不连续的结果，因为门槛线以上的学生得到的处理方案和门槛线以下的学生得到的处理方案不同。这个间断的幅度衡量了接受一个处理方案而不是另一个方案的平均影响。

断点回归分析已经被应用到教育和其他项目中，在这些项目中，制度性的规则决定了处理方案的选择。安格里斯特和克鲁格（Angrist and Krueger，1991）用此方法研究不同义务教育年限对孩子的影响。他们在一篇文章的摘要中（p.979）描述了他们的分析：

> 我们认为，鉴于义务教育对学生的入学年龄有强制性规定，学生的出生季节与他们的学习成绩有关。出生在入学年年初的学生年龄较大，与出生在入学年年末的孩子相比，退学时接受的教育年限可能因此更短。

这里的处理方案是法定的义务教育年限。观察到的决定该处理方案的协变量是孩子的出生日期。时间门槛规定了何时出生的孩子可以开始接受义务教育（通常是1月1日）。刚好在规定日期前出生的孩子比刚好在这一日期之后出生的孩子需要多读将近一年时间。因为孩子

们的出生日期是随机的,所以作者们分析了刚好在规定日期前后出生的
孩子的学业和收入,就好像孩子们的义务教育年限是随机分配的一样。

在上述和其他情况下,能够观察到的制度性程序决定了处理方案。
研究者经常认为断点回归分析是十分可信的。这种观点的一个重要局
限性在于,它使得我们只能预测特定政策的结果,而且它只适用于有特
定协变量的实验组。西斯尔思韦特和坎贝尔只能比较获得证书或者推
荐信学生的不同结果,这样的比较也只适用于考试分数接近规定分数
线的学生。安格里斯特和克鲁格只能比较义务教育入读时间早晚的学
生的结果差异,且只适用于在规定日期前后出生的学生。

2.8 理性处理选择的模型化

在 2.7 节我指出,将处理选择看作理性活动的经济学观点,经常质
疑在研究总体中能否根据观察的协变量随机分配处理方案。有人因
此预期,经济学家在进行观察研究时会审慎地预测政策结果。实际并
不是这样。经济学家和政策分析师一样,都喜欢做出不可信的论断,甚
至可能较之更甚。为了预测没有相同处理组情况下的政策结果,经济
学家已经建立了将处理选择和处理反应关联在一起的选择模型(selec-
tion models)。

典型的选择模型假设具有完全预见性的结果优化。我之前说过,
这个模型做出了如此强的假设,使得我认为它仍然不能真实描述处理
选择。我们还惊奇地发现,即使这个模型有着非常强的假设,它也没有
对政策结果提供点预测。

2.8.1 结果优化和量刑模型

要说明这个模型可以做出哪些推断,我将再次讨论曼斯基和尼根
(Manski and Nagin,1998)关于犹他州法官量刑选择和罪犯是否再次

犯罪之间的关系的分析。在 2.3 节考虑量刑和再次犯罪之间的关系时,我对法官如何量刑没有给出任何假设。但是现在我假设法官可以准确地预测结果,并且能做出最大限度地降低罪犯再次犯罪率的判决。

如之前分析的那样,我们考虑一下如果所有罪犯都接受 B 处理方案(强制监禁),会发生什么样的结果。问题是,对于实际接受 A 处理方案(强制不监禁)的罪犯,我们看不到他们接受 B 处理方案时的结果。我们之前没有办法讨论这些反事实结果。在具有完全预见性的结果优化模式这一假设下,我们能得出部分结论——具体而言,再犯罪的反事实结果并不比观察到的结果好多少,因为如果 B 处理方案优于 A 处理方案,法官将会选择 B 处理方案。

与 2.3 节推导出的结果相比,这一假设得出了下限更低的 R_{MB} 值,之前的下限值是 $R_B \times F_B$,在现有政策下观察到的再次犯罪率是 $R_A \times F_A + R_B \times F_B$,这个结果优化模型没有得出再次犯罪率的上限值。因此,R_{MB} 修正后的取值范围是:

$$R_A \times F_A + R_B \times F_B \leqslant R_{MB} \leqslant F_A + R_B \times F_B$$

代入数据,之前的下限是 0.08,现在是 0.61,上限仍然是 0.97。

2.8.2 分布假设

上述推导说明,虽然结果优化模型和完全预见性假设有很强的预测能力,但是仍不能得出政策结果的点预测。然而,经济学家经常用上述模型报告点预测。他们是如何做到的呢?

为了得出确定的论断,经济学家将模型和分布假设(distributional assumptions)结合在了一起,该分布假设严格限制处理反应的人口分布。20 世纪 70 年代,计量经济学家已经证明,利用分布假设能够充分预测一项政策强制实施特定处理方案可能产生的结果。他们也证明了,如果有足够强的分布假设,即使一定程度上弱化完全预见性和结果优化假设,也仍然能够得出确定的预测。由于不能对得到点预测结果的专门论证进行直观解释,所以我不打算继续阐述。对此感兴趣且有经济学或者统计学知识的读者可以在马德拉（Maddala，1983）的专著中找到清晰的技术性说明。

很多经济学家继续使用选择模型预测政策结果，特别是在计算上相对简单的用于模型估计的"两步法"被广泛运用之后（Heckman，1976，1979）。但是，这一处理反应分析方法一直存有争议，因为其严重缺乏可信度。

传统的两步法假设处理反应符合正态线性模型（normal-linear model）。处理方案 A 和 B 的结果是连续变量，假定在具有特定协变量的人群中，它们的分布频率符合二元正态分布；假定在具有不同协变量的人群中，它们的平均处理反应是一个协变量函数，呈现线性变化，且反应方差不随协变量变化而变化。

这些技术性的假设有助于做出点预测，但是缺少实质性的正当理由，因此很多研究者质疑正态线性模型的可信度，也因此不相信该模型的分析结果，这一点都不令人奇怪。的确，这一模型的主要批评者巴斯和森菲尔特（Bass and Ashenfelter，1986）以及拉隆德（LaLonde，1986）建议，关于处理反应的研究应该专注于如何设计随机实验和分析实验结果。

3 预测行为

本章将继续研究如何预测政策结果，解决比第 2 章更具挑战性的研究难题。难题依旧是如果一项政策强制实施一个处理方案，我们如何预测将发生的结果。但新的挑战在于，数据来自一个没有任何人接受了即将被强制实施的处理方案的研究总体。例如，在量刑和再次犯罪的研究中，我们可能有一项政策——所有少年犯都没有被判处监禁——的数据，但是我们也许想预测如果所有人都被判处监禁，会发生什么样的结果。因此，我们可能想要预测一个全新处理方案的结果。

第 2 章中研究的关于识别与反应的两个假设——相同的处理单元和相同的处理组——没有能力预测一项全新处理方案的结果。如果研究总体中的每个人都接受同一种处理方案，则这些假设不能反映若有人接受了另一种处理方案，会发生什么。那么，怎样继续进行研究呢？

第 2 章中没有使用的更宽泛的概念是要假设个人将如何对可能受到的处理做出反应。这样的假设与对研究总体的观察结合在一起，可以得出如果有人接受了新的处理方案，将得到什么样的结果。经济学家一直用这个概念预测人们对新政策的行为反应，并把自己的工作称为显示性偏好分析（revealed preference analysis）。

预测行为反应时，一个处理是一个人可用的各种选择的集合，我们将其简称为选择集（choice set）。假设一个人观察研究总体成员在当前选择集下做出的选择。难点在于，当他们或者其他人面对不同选择集时，如何预测他们的选择。政策通过影响人们面对的选择集，从而对他们产生作用。

显示性偏好分析是由保罗·萨缪尔森提出的。保罗·萨缪尔森
(Paul Samuelson，1938，1948)思考了如何预测商品需求这一古典经
济学难题。他假定一位研究人员正观察人们在现有收入和价格下的购
买力。他结合标准的消费理论指出，这些观察结果能够部分预测这些
人在新的收入-价格关系中的购买力。政策通过影响人们的收入和/或
商品的价格，进而可以影响人们的行为。

我将描述如何通过显示性偏好分析的现代应用预测政策结果，并
且讨论经济学家们用过的各种假设。我将从一个吸引了持续研究关注
的著名案例——劳动供给对所得税政策的反应——开始。

3.1 所得税与劳动供给

长期以来，所得税对劳动供给的影响一直是经济政策分析关注的
一个重要问题。所得税是政府收入的一个主要来源。税收政策可以影
响劳动供给。税收政策与劳动供给共同决定了劳动者的所得，也决定
了政府的税收收入。

在美国财政学界，关于劳动供给对所得税反应的讨论一直有两
种截然不同的论断，保守派认为所得税对劳动供给有影响，自由派认
为没有影响。很多争论都集中在高所得的边际税率上。保守派认
为，如果降低现行累进税制下高收入适用的边际税率，高技能人员的
劳动供给将会显著增加。自由派认为，高技能人员的劳动供给对税
率并不敏感。

20 世纪 80 年代，经济学家亚瑟·拉弗（Arthur Laffer）提出了一
个新的保守论断。他认为，降低高所得的边际税率将刺激高技能人
员劳动供给的显著增加，进而增加政府的税收收入。自由派反驳说，
拉弗和其他"供给学派"经济学家的预测是非常不准确的。保守派和
自由派提出的论据也许会随着时间而改变，但是他们之间的争论仍
在继续。

3.1.1 劳动供给理论

标准的经济理论不能预测劳动供给对于所得税的反应,理解这一点很重要。与此相反,经济理论表明,工人可以有不同方式对所得税做出理性的反应。随着所得税税率的增加,一个人可能会理性地选择少工作、多工作,或完全不改变他的劳动供给。

现代劳动经济学认为,劳动供给是一个人根据其教育、职业、工作努力程度等多种因素做出的复杂决策的结果。然而,经济学专业的学生熟悉的一个简单模型足以说明,一个人可能会以不同方式对所得税做出反应。这一模型假定,一项有报酬的工作的工资水平是预先确定的,在某一时间段内(也许一天、一周或一个月),一个人必须在有报酬的工作和经济学家传统上称为闲暇的各种无报酬的活动之间,合理地分配二者所占用的时间。他的净收入等于其总收入减去个人所得税。

经济学家通常假定,人们喜欢有更多的收入和闲暇,这看上去是合理的。劳动供给难题的实质是,一个人不能同时增加他的收入和闲暇。随着工作时间的增加,他的工作收入会提高,但是闲暇时间会相应减少。标准经济理论假设,人们对净收入和闲暇的每个组合都赋予一个价值或者效用,并且会选择使他们的效用最大的时间配置方式。在净收入和闲暇都很受欢迎这一假定之外,经济学理论并没有对人们的偏好作其他说明。

经济学家已经发现,个人对工作和闲暇的不同偏好意味着税收政策和劳动供给之间不同的关系。假定一种简单的情形,一个人除了劳动收入之外没有其他收入,那么这个人的劳动供给随着比例税制(即对每一美元所得都按同一税率征税)税率的变化将怎样变化呢? 经济学专业的学生熟悉的三种偏好类型包括:加法(additive)效用偏好型、柯布-道格拉斯(Cobb-Douglas)效用偏好型和里昂惕夫(Leontief)效用偏好型。加法效用偏好型和里昂惕夫效用偏好型是极端情况,前者把收入和闲暇视为完全替代品,后者则把它们看成完全互补品。对于具有加法效用偏好型的人来说,当税率低时,他会将所有时间都用来工作;

当税率高时,他会将所有时间都用于闲暇。对于偏好类型为里昂惕夫效用偏好型的人来说,税率提高会使得他增加自己的工作时间。柯布-道格拉斯效用偏好型是一个中间情况——劳动供给时间不随税率变化而发生变化。

虽然这三种偏好类型得出了非常不同的税率和劳动供给之间的关系,但是仍然存在其他可能性。经济学教科书经常讨论向后弯曲(backward-bending)的劳动供给函数。如果在净工资从零上升到某一临界值之前,一个人的工作时间是增加的,但在净工资高于这个临界值后,其工作时间随着工资水平的提高不升反降,那么这时的劳动供给就是向后弯曲的。一些效用函数得出了税率和劳动供给之间更为复杂的关系(Stern,1986)。

经济理论没有说哪种偏好类型是优于其他的。有些人可能具有加法效用函数,有些人可能具有柯布-道格拉斯效用函数,有些人可能具有里昂惕夫效用函数。其他人具有的偏好函数可能意味着他有向后弯曲的劳动供给曲线,或者税率与时间配置之间的其他关系。因此,经济理论不能预测所得税如何影响劳动供给。

3.1.2 实证分析

人们早已认识到这一理论上的缺陷。早在1930年,经济学家莱昂内尔·罗宾斯(Lionel Robbins)就承认了这一点,并认为预测税收政策对劳动供给的影响需要进行实证分析。罗宾斯(Robbins,1930,p.129)写道:"我们已经得出结论……如果试图预测税率变化对劳动供给的影响,必须先对劳动供给的弹性进行归纳性调查。"这里的归纳性(inductive)指从数据中得出的实证性推断,弹性(elasticities)指当税率增加一个百分点时,人们工作时间变化的百分比。

经济学家们使用两种方法对劳动供给进行了大量的实证研究。一种方法运用了第2章中的假设,没有参考劳动供给经济理论。研究人员可以进行前后对比研究,比较同一税收管辖权内税收政策变化前和变化后的劳动供给。或者,他们可以比较生活在不同税收管辖权中的人们的劳动供给。这种分析的一个基本局限在于,税收政策中的历史变量(同一税收管辖权内的前后变化)和地理变量(不同税收管辖权内的变化)仅仅是一个社会所考量的众多政策的一小部分。第 2 章中的假设不能够预测新税收政策下的劳动供给。

另一种实证研究方法通过剖析经济理论研究劳动供给。致力于显示性偏好分析的研究者观察一个研究总体在现有税收政策下的劳动供给决策。为了能够使用这些数据预测新税收政策下的劳动供给,研究人员首先采用了人们分配时间以使其效用最大化这一标准经济学假设。这个假设解释了显示性偏好这一术语。经济学家们假定,在一个人面临的多种可能的净收入-时间组合中,他最后选择的这个组合是其最喜欢的。因此在现有税收政策下,对一个人劳动供给的观察揭示了一些关于他的偏好的信息。这一思想源于萨缪尔森(Samuelson,1938,1948)。

效用最大化假设本身没有预测能力,因此研究人员必须对偏好做出假设,并且这一假设要强到能够得出新政策行为反应的点预测。一个简单可信的假设是假定人们均认为,收入和闲暇都是越多越好。但是这一偏好假设最多只能使一个人判定新税收政策下的劳动供给区间。为了做出点预测,经济学家们必须做出更强的假设。

虽然不同研究中的劳动-供给模型不一样,但是它们通常有两个共同的假设。第一,它们认为,劳动供给随着净工资同向地变化,因此模型一般不允许向后弯曲的劳动供给函数或其他非单调的关系。第二,研究通常假定,在大群组(如壮年男性或已婚女性)中劳动供给对净工资的反应是相同的。也就是说,它们假定如果净工资发生了变化,群组所有成员都将以同样方式调整工作时间。作者在某种程度上允许异质性偏好,他们提出的分布假设类似于 2.8 节讨论的那样,能够得出点预测,但是缺乏实质性的理由。

如果不考虑可信度,显示性偏好分析方法可以预测新税收政策下的劳动供给。预测过程有两个步骤。首先,计算期望政策下每个工作时间产生的净收入。然后,利用劳动供给模型预测新税收政策下工人的决策。

伯特雷斯和豪斯曼(Burtless and Hausman，1978)的研究成果带动了大量类似的研究，其中，包括潘凯福尔(Pencavel，1986)，基林斯沃斯和赫克曼(Killingsworth and Heckman，1986)，布伦德尔和麦克蒂(Blundell and Macurdy，1999)，麦格希尔和菲利普斯(Meghir and Phillips，2010)，吉恩(Keane，2011)，塞斯、斯莱姆罗德和吉尔兹(Saez, Slemrod and Giertz，2012)在内的文献综述都总结和评述了此类研究的方法、数据和发现成果。CBO(1996，2007)描述了其如何使用现有文献预测劳动供给对税收政策的反应。

麦格希尔和菲利普斯试图提取浩瀚文献的精华，他们写道(p.204)：

> 我们的结论是，对于男性来说，税收变化所带来的财务激励对其工作时间长度影响不大，但是对于已婚女性和单身母亲来说，影响要大一些。另一方面，在决定是否参加有偿工作时，女性特别是母亲对税收和福利非常敏感。

塞斯、斯莱姆罗德和吉尔兹同样认为(p.1)：

> 存在一些例外情况，对于正当壮年的男性来说，专业性决定了这一弹性的值几乎为零，但是对于已婚女性来说，税收政策对劳动参与的影响似乎很大。但总的来说，劳动对薪酬的弹性是相当小的。

吉恩表达了不同的观点(p.1071)："我的综述认为，男性的劳动供给比传统观点所认为的更有弹性。"

阅读了最近的实证研究文献后，我惊奇地发现，虽然学者也许对劳动供给弹性的强弱有不同意见，但是他们在税收对劳动供给的影响方向上是观点一致的。研究人员们已经认识到，虽然理论上劳动供给可能会随着税率的上升而增加，但是在实证研究中很少看到这种情况。大家都认为，提高税率会降低人们的工作努力程度(减少工作时长)。在研究比例税率上升的影响时，麦格希尔和菲利普斯(p.207)认为："在多数案例中，税率上升都降低了人们的工作努力程度。但是，当收入效应超过替代效应时，税率上升将增加人们的工作努力程度（增加工作时长）。"吉恩明确给出了税收影响的方向（p.963）："如果使用劳动所得税增加政府的财政收入，将减少人们的工作时间。"在政府预测劳动供给对所得税的反应时，人们普遍认为提高税率会减少劳动供给（CBO，2007）。

3.1.3 基本的显示性偏好分析方法

在阐述劳动供给显示性偏好分析方法所发现的结果时，我故意忽略了可信度。现在我回过头来讨论这一关键问题。

在曼斯基（Manski，2012）的文献中，我舍弃文献中做出的强假设，仅提出标准理论中两个最基本的假设：（1）一个人会选择使其效用最大化的时间配置方式；（2）效用随收入和闲暇的增加而增加（越多越好）。我研究了运用显示性偏好分析方法得到的预测结果。虽然这一分析太过于技术性，以至于无法在这里呈献给读者，但是我能够概括我主要的发现，并说明主要的观点。

我发现，把上述两个基本假设与现行税收政策下对个人时间配置决策的观察结合在一起，不能得到新政策下劳动供给的点预测——顶多只能得到区间预测。此外，也不能预测税收政策变化后个人的劳动供给是增加还是减少了。因此，一些文献中报告的明确结论必定还需要除了这两个基本假设之外的其他假设。

我发现，要使基本的显示性偏好分析方法具有预测能力需要一个前提条件，那就是现行税收政策和新税收政策至少要交叉重叠一次。也就是说，在工作-休闲的某一个时间配置结构上，一项税收政策导致的净收入低于其他政策，但是在工作-休闲时间的其他配置结构上，这项政策可以带来更高的净收入。这意味着，如果现行政策是比例税制，新政策也是比例税制，只不过税率不同，则此时（税率没有交叉重叠）基本的显示性偏好分析方法就没有预测能力。另一方面，如果一项政策是累进税制，而其他政策是比例税制，则此时（税率有较差重叠）基本的显示性偏好分析方法就有一定的预测能力。

示例：累进和比例税制下的劳动供给

为了说明基本的显示性偏好分析方法可以得出什么样的结论，假定现行税收政策是由两个税率构成的累进税制：年收入 50 000 美元及以下部分，税率是 15%；年收入 50 000 美元以上部分，税率是 25%。假定新的比例税政策对全部收入课征的税率都是 20%。当年总收入为 100 000 美元时，两种税收政策产生了交叉重叠，此时都需要纳税 20 000 美元，税后收入都是 80 000 美元。当年总收入小于 100 000 美元时，现行税收政策下的净收入比新政策高；当年总收入超过 100 000 美元时，现行政策下的净收入比新政策低。

假定一个全职工作的人的年收入为 150 000 美元，且没有非工作收入。图 3.1 展示了在上述两种税收政策下，他的净收入如何随着其工作-休闲的时间配置不同而变化。在两种政策下，如果他一年中 2/3 的时间工作，另外 1/3 的时间休闲，那么他的年净收入都为 80 000 美元。如果他一年中用于休闲的时间少于 1/3，那么新政策下他的净收入比现行政策高；如果他的休闲时间多于 1/3，那么新政策下他的净收入比现行政策低。

假定在现行税收政策下，观察到一个人一年中的休闲时间少于 1/3，则基本的显示性偏好分析方法告诉我们，在新政策下他的休闲时

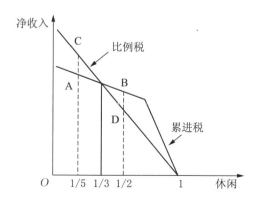

图 3.1　比例和累进税制下的净收入

间仍将少于 1/3。为了理解这一点,假定在现行税收政策下,观察到一个人将一年中的 4/5 时间用于工作,1/5 时间用于休假。让我们将这种情况与他一半时间工作、一半时间休闲的情况相对比。在现行政策下,4/5 的时间用于工作得到的净收入-闲暇时间组合为(95 000 美元,1/5),在图 3.1 中表示为 A 点。1/2 的时间用于工作得到的净收入-闲暇时间组合为(61 250 美元,1/2),在图 3.1 中表示为 B 点。在新政策下,4/5 的时间用于工作得到的净收入-闲暇时间组合为(96 000 美元,1/5),在图 3.1 中表示为 C 点;1/2 的时间用于工作得到的净收入-闲暇时间组合为(60 000 美元,1/2),在图 3.1 中表示为 D 点。

在效用最大化假定下,个人在现行税收政策下选择了把 4/5 的时间用于工作,这意味着,个人喜欢 A 点胜于 B 点。越多越好这一假设意味着,他喜欢 C 点胜于 A 点,喜欢 B 点胜于 D 点。将这些发现结合在一起意味着,他喜欢 C 点胜于 D 点。因此,如果实施了新税收政策,比起原来将一半时间用于工作,他将把一年的 4/5 时间用于工作。

当观察到一个人的闲暇时间少于 1/3 或者多于 1/3 时,同样的理由仍然适用。但是,我在 2012 年一篇文章中已经表明(Manski, 2012),基本的显示性偏好分析方法不能得出任何进一步的结论。

3.2 离散选择分析

上面的说明运用了萨缪尔森显示性偏好分析方法的初始版本,目的在于预测个人的选择行为。现代经济政策分析方法主要运用的是丹尼尔·麦克法登(Daniel McFadden, 1974)的理念。他开发出了一种新的显示性偏好分析方法,这一方法可以预测具有不同偏好的一个总体成员的选择分布。他的分析框架有四个主要特征。我将解释并举例说明之。

1. 行为表现的随机效用模型

麦克法登假定一位研究人员正在观察一个研究总体的决策,这个总体的每个成员都面临一个离散选择(discrete choice)难题。决策者必须在不同备选方案的有限集中做出选择,离散选择难题仅是其中之一。例如,对于时间配置来说,人们可能需要在三种方案中选择一个——将全部时间都用于工作,将一半时间用于工作,或者不工作。离散选择分析的目的就是预测总体面临这种选择难题时的行为。

我们先从标准的经济学假设入手,即假定每个人都会从可能的备选方案中选择最好的,也就是选择使其效用最大的那个方案。随机效用模型(random utility model)表达的理念就是,选择某一个特定备选方案的人数比例,就等于偏好这一备选方案的人数相对于其他人的比例。选择某一特定备选方案的人数比例被称为这一方案的选择概率(choice probability)。

在心理学界,瑟斯通(Thurston,1927)最早使用随机效用模型概括人们的半理性行为方式。卢斯和萨普斯(Luce and Suppes,1965)提出了心理学解释,假定每个决策者的头脑中都有一个由许多效用函数构成的分布,在决策时会随机选一个效用函数。麦克法登重新解释了随机性,认为随机性来自总体的效用函数的变量,而不是来自个人效用函数的变量。

2. 描述备选方案和决策者的属性

离散选择分析的目的在于预测反事实情形下人们的行为,例如有新的备选方案可供选择,现有的方案不再适用了,或者出现了新的决策者。实现这一目标需要描述备选方案和个人一系列的属性(attribute)。如果研究者知道这些属性和一个人的效用函数,他就能够决定任何备选方案对每个决策者的效用如何,从而可以预测决策者的选择行为。例如,一个交通研究者可以据此预测具有特定收入和工作属性的通勤者如何选择他的交通模式,这些交通模式有特定的交通时间和交通成本属性。

将备选方案和决策者描述为一系列属性的做法极大偏离了现实的经济实践。在经典消费者理论中,商品的质量不同,消费者的偏好也不同,所以既无法预测消费者对新商品的需求,也无法预测新消费者的行为。

3. 用不完全的属性数据进行的分析

一个实证研究者无法获得个人和备选方案相关属性的全部数据，也无法完全知道表示偏好的个人效用函数形式。但是，随机效用模型没有忽略未观察到的属性对个人行为可能的影响，它们把未观察到的决策者的属性作为未知值变量，这一变量的值在不同研究总体中是不同的。它们把未观察到的备选方案的属性也作为未知值变量，这一变量的值在不同备选方案中也是不同的。

4. 实用性

离散选择分析的目的在于形成一个实用的预测模型。麦克法登认为，运用当时的计算技术，只有在选择概率的形式很简单的情况下，这一分析在计算上才是可以实现的。明确了这些以后，他开始寻找一个实用的能够运用于未观察到属性的分布假设。他发现了一个适合的分布假设，这一假设得到了非常易于处理的条件对数模型（conditional logit model），该模型已经被大量用于实证研究中。这个模型把每个备选方案与一个确定的效用指数联系起来，并且预测在具有共同可观察到的属性的人群中，选择某一特定备选方案人数的比例，就是该方案的效用指数除以选择集合中所有备选方案的效用指数之和所得到的商。

3.2.1 美国的大学选择

我要使用早前我与大卫·维斯（David Wise）一起完成的大学选择行为分析说明条件对数模型的运用，这里我对这一分析进行了高度简化。曼斯基和维斯（Manski and Wise，1983，Ch.6，7）用一份 1972 年的美国高中青年学生调查数据估计入读大学的随机效用模型。我们使用这一估计模型预测佩尔助学金计划（Pell Grant program）——主要的联邦大学奖学金计划——对入读大学的影响。

我们的分析首先假定：在接受调查的高中生当中观察到的入读大学和参与劳动的比例是他们自己、大学以及雇主共同决策的结果。大学发出录取通知，雇主发出录用通知，这二者决定了每个高中毕业生可能的选择，并且他们只能从中做出选择。

对于是否参加高等教育这一决策过程,现有调查数据揭示了什么呢? 如果我们假设学生从他们的可能选择中选择了他们最中意的方案,那么对被选中方案的观察可以部分揭示学生的偏好。简言之,假设一个高中毕业生有两个选择:入读大学或参加工作。(模型实际上假设有不同学校和不同工作可供选择。)如果我们观察到一个学生选择上大学,那么我们可以推断他认为上大学的效用超过了工作的效用。如果一个学生选择了参加工作,则我们可以推断他认为工作的效用超过了上大学的效用。调查数据提供了许多这样的对比,每个学生都有一个。

对学生选择的观察所隐含的偏好差异不足以让我们预测不在样本中的学生将如何选择,也不足以让我们预测样本中的学生在条件发生变化后将如何选择。要推断学生如何选择,必须把数据和限制偏好形式的假设结合起来。

例如,我们可以假设读大学的效用取决于学生的能力、父母的收入、最中意大学的质量和净学费,以及未观察到的学生及其最中意大学的属性。相似地,我们可以假设参加工作的效用取决于薪水以及未观察到的最中意工作的属性。

1. 预测学生补助政策对于入读大学的影响

曼斯基和维斯(Manski and Wise, 1983)设计了一个比上述模型更复杂但本质上相同的模型,用来研究美国的基本教育机会助学金计划(Basic Educational Opportunity Grant program)①——后来更名为"佩尔助学金计划"——对大学新生入学情况的影响。这一联邦奖学金计划于 1973 年设立,因此 1972 年毕业的高中生在决定是否继续完成高等教育时,不能享受这一计划。

在我们的模型中,佩尔助学金计划改变了学生承担的净学费(扣除可享受的助学金之后的学费),进而影响了学生的选择。只要知道这个计划的受益资格条件和助学金计算公式,就可以估算出当前计划下每

---

① 也被称为"大学生助学金计划",这一计划面向所有家庭经济困难的学生,无论在何种类型的学校学习,只要符合"第四款"条件的规定,就可以加入"第四款"资助计划,接受联邦政府的资助和贷款,这使很多中低收入家庭的学生获得了申请高等教育资助的权利。

个学生的净学费是多少。然后,我们就可以预测学生在有资助计划和无资助计划下会如何选择。最后,我们可以将这些预测集合起来预测美国大学入读新生的总体情况。

表 3.1 展示了我们对 1979 年佩尔助学金计划的研究结果。我们的预测表明,佩尔助学金计划大幅提高了来自低收入群体的学生入读大学的数量(增加了 59%),温和提高了来自中等收入群体的学生入读大学的数量(12%),小幅提高了来自高收入群体的学生入读大学的数量(3%)。

表 3.1　基于是否有佩尔助学金计划预测的 1979 年入学人数(单位:千人)

收入组	所有学校		四年制大学		两年制学院		职业技术学校	
	有佩尔助学金计划	无佩尔助学金计划	有佩尔助学金计划	无佩尔助学金计划	有佩尔助学金计划	无佩尔助学金计划	有佩尔助学金计划	无佩尔助学金计划
低收入组	590	370	128	137	349	210	113	23
中等收入组	398	354	162	164	202	168	34	22
高收入组	615	600	377	378	210	198	28	24
总　　计	1 603	1 324	668	679	761	576	174	69

注:低收入指收入少于 16 900 美元。高收入指收入高于 21 700 美元。
资料来源:曼斯基和维斯(Manski and Wise, 1983),表 7.4。

总的来说,我们预测 1979 年的 330 万高中毕业生中,160.3 万人会报名参加 1979—1980 年的全日制大学教育。相对地,如果没有佩尔助金计划的话,将只有 132.4 万人上大学。从上述表格可以看出,佩尔助学金计划对高中生入读大学的影响完全集中在两年制学院和职业技术学校中,对四年制大学没有影响。

2. 分析的作用和前提

人们提出了很多联邦奖学金计划,这些计划的受益资格标准和助学金计算公式都不一样,但是真正付诸实施的只是少数,因为对入读大学的显示性偏好分析可以预测在各种各样的新计划和正在实施的现计划下的入读大学结果。显示性偏好分析的推断力是非常强的。

做出推断的前提是要提出一系列假设。仅靠理性选择这一假设几乎无法进行预测。只有对人们的偏好提出了强假设,并且研究者认为自己能够准确地描述决策者的选择及其可能的备选方案时,显示性偏好分析方法才能够得出确定的结论。

我和维斯关于大学选择的分析案例说明了实证研究中经常提出的典型假设。我在 20 世纪 80 年代初从事此项研究时,很喜欢做出表 3.1 中的点预测,因此表中的预测都是以确定方式表述的。但是,我现在认为这些预测都是期望性的推断。

3.2.2 当前的离散选择分析

自 20 世纪 70 年代以来,离散选择分析保留了麦克法登最初研究的基本特征——随机效用模型、决策者和备选方案的属性描述以及选择概率。但是,条件对数模型这一特定分布假设受到了严格的检验,一些做出了很多其他不同假设的模型已经被研究和加以运用。

相当数量的计量经济学研究的目标都是提出新的假设,新的假设要比条件对数模型的假设更为灵活,并且强到能够得到新环境下选择概率的点预测。这些研究的目标之间有冲突。我在 2007 年曾经做了许多文献综述(Manski,2007a,Ch.13)。最近,我开始研究比较弱的假设,它们虽然不能得到点预测,但是可以得到有参考价值的区间预测(Manski,2007b,2012)。

3.3 预测不确定条件下的行为

到目前为止,我们关于显示性偏好分析的讨论一直假设决策者完全了解他们的选择环境。但是,就像研究者很难预测政策结果一样,普通人也很难预测他们的选择将导致的结果。例如,决定参加工作的人们也许不知道这个工作将来到底能挣多少钱,选择入读大学的学生们也许不知道当他们参加不同课程时将来的成绩会如何。

在研究不确定条件下的行为时，经济学家假设个人预测各种可供选择的结果，然后根据这些预测做出决策。理性预期(rational expectations)假设尤为常见。"理性"意味着个人可以正确感知他们的选择环境，能够根据其可得的信息让预测中的最优结果变为可能。不要将理性预期与"理性选择"(rational choice)混为一谈，后者指一个人根据偏好程度对不同选择进行排序，然后从中选择使其效用最高的那个。

一项行动也许会导致多种可能的结果，在实际操作中，经济学家们假设，个人将评估每个结果发生的概率。他们进一步假设，人们根据其主观认为的概率得出每项行动的效用期望值，并且选择使其预期效用最大的行动。如果把个人对每个结果赋予的概率纯粹视为个人的想法，那么它们可以被称为主观概率(subjective probabilities)。当假定这些主观概率在客观上是正确的时候，它们就被称为理性预期。我们之前在2.7节中的"完全预见性"标题下讨论过理性预期的极端形式。完全预见性意味着个人可以非常确定地预测结果，并且它们的预测都是正确的。

个人有理性预期并且将使其预期效用最大化——这一假设有助于经济学家预测行为，但是对预测的可信度有很大的潜在影响。我这里将举两个例子对理性预期假设提出质疑。接下来的部分将更广泛地讨论个人预期效用最大化假设，以及理性选择假设。

3.3.1　青年人如何推断学校教育回报？

假定青年人正在考虑是否继续接受学校教育。经济学家们假设，青年人预测自己继续接受学校教育的回报，并且使用这些预测决定是否继续接受学校教育。经济学家们用学校教育回报(returns to schooling)比较将时间用于教育和用于其他用途(如工作)所得到的长期结果。教育决策的实证研究通常假设，青年人对学校教育回报有理性预期。

在此情形下，理性预期的可信度很值得怀疑。劳动经济学家们进行了大量有关学校教育回报的实证研究，通常将接受学校教育之后获得的劳动收入与将时间用于其他用途获得的收入进行比较。阅读大量有关文献之后,我们发现研究者的假设和结论差异很大。青年人面临着与研究学校教育回报的学者们同样的推断难题。如果学者们在学校教育回报上还未达成共识,但却假定青年人有理性预期——这合理吗?我想是不合理的。

我特别强调,劳动经济学家和青年人都面临着反事实结果的不可观察性。与经济学家们试图从学校教育选择及其结果的相关数据中推断学校教育回报一样,青年人试图通过观察家人、朋友以及其他有此经历的人的结果来解学校教育的回报如何。然而,青年人无法观察到如果这些人做出其他选择时将得到的结果。是否能够进行推断和指导决策完全取决于青年人对这些反事实结果的假设。详细讨论见曼斯基(Manski,1993)。

3.3.2 潜在的罪犯如何认知惩处制度?

受到加里·贝克尔(Gary Becker,1968)成果的启发,经济学家们已经假设,那些意欲犯罪的人会做出使其预期效用最大化的理性选择。经济学家们还进一步假设,人们对犯罪后果有理性预期。非经济学家也许会质疑理性犯罪选择这一假设,甚至科班出身的经济学家也应该质疑理性预期这一假设。

标准的经济学模型假定人们对犯罪的成功和失败都会赋予其一个效用。如果失败的话,他们会被逮捕、定罪和判刑。经济学家假设,人们对可能发生的每个结果都赋予其一个主观概率,如果犯罪产生的效用高于不犯罪,他们将实施犯罪行为。通常假设人们有理性预期,能够准确认知成功实施犯罪(不被抓住)的概率,以及一旦失败受到各种惩处(如被捕、定罪和判刑)的概率。

在关于死刑威慑作用的研究中,理性预期假设是否站得住脚特别受到质疑。为了进行讨论,假设人们确实在犯罪前权衡了谋杀的预期收益和成本。即使接受这一前提假定,研究者对人们如何认知他们被捕、定罪、判处死刑以及被执行死刑的可能性也基本上一无所知。传统的研究方法是收集过往谋杀案和执行死刑的历史数据，根据这些数据得出执行死刑的比率，并且假设潜在的谋杀者将这一比率作为他们的主观概率。这一做法在国家研究委员会死刑威慑作用委员会的研究报告中受到强烈批评（National Research Council，2012）。

3.3.3　衡量预期

从上面和其他的案例中，很难理解为何理性预期假设应该有这么高的可信度。为了更好地克服不确定条件下对行为进行显示性偏好分析的难题，人们甚至期望经济学家们与个人进行面谈，请他们表明自己的实际期望。但是，经济学家们对这种主观陈述一直深表怀疑，经常坚称我们只应相信人们做了什么，而不应相信他们说了什么。因此多年以来，这一专业禁止收集有关个人预期的数据。

直到 20 世纪 90 年代早期，这一禁忌才被打破。此后，从事调查研究的经济学家们开始请受访者报告其对重大个人事件概率性的预期，包括对宏观经济事件（如股票市场的回报）的预期，对个人面临风险（如失业、成为犯罪的受害者、死亡）的预期，对未来收入（如学校教育的收入回报、社会保障福利）的预期，以及对个人选择（如购买耐用品和投票选择）的预期。我在 2004 年的一篇总结性文章中（Manski，2004a）描述了这一新兴实证研究领域的兴起，并且总结了一系列的应用情况。赫德（Hurd，2009）以及特拉华德、基耐和麦肯基（Delavandé，Gine and McKenzie，2011）后来总结了近年新出现的大量文献。

服用避孕药、贴避孕贴还是注射避孕针？

特拉华德（Delavandé，2008）很好地展示了在离散选择分析中如何衡量预期。在一篇题为《服用避孕药（pill）、贴避孕贴（patch）还是注射避孕针（shot）？》的文章中，她研究了女性选择的避孕方法。特拉华德假设，女性根据其对每种方法可能结果［如怀孕、感染性病（sexually transmitted disease，STD）］的主观判断做出决策选择。

特拉华德没有对女性的预期做出假设，她调查了一些女性，请她们表明对于每种避孕方法其认为的可能导致怀孕或者感染性病的几率。

然后,她将所衡量的预期和所得到的避孕行为数据结合起来,估算出了避孕方法选择的一个条件对数模型。她能够得到女性预期的相关数据,这使得她能够识别女性的偏好,这比她对预期进行毫无根据的假设更有说服力。最后,她利用所衡量的预期和估算出的选择模型预测如果在新环境下——不同避孕方法的价格发生了变化,或者出现了新的避孕方法——女性将做出何种选择。

3.4　对理性选择的不同观点

在研究人们的行为时,我从来没有对经济学家经常秉持的理性选择这一基本假设提出过疑问。但是在正统经济学家群体之外,这一假设一直以来都受到争议。心理学家和自称"行为经济学家"的研究人员强调,人类是只有有限感知能力和认知能力的有机体。因此,人类最多只能够近似于经济学模型中假定的行为类型。对于这种近似的本质和程度,学界有很多不同的观点。

在这个总结部分,我将对人们观点的历史变化进行评论。我主要讨论已有的争论和已经完成的研究的类型,而不是讨论已经报告的特定成果。我认为从 20 世纪中叶开始往后讨论较为合适。本部分的材料大多源自我的著作(Manski,2007a,Ch.15)。

3.4.1　似是理性

正统经济学家一直声称,尽管没有对决策过程进行文字性的描述,但效用最大化行为经济模型是成功的"似是"近似值。这个说法得到米尔顿·弗里德曼和伦纳德·萨维奇(Friedman and Savage,1948)强有力的支持。他们不仅捍卫理性选择这一观点,而且为个人最大化其预期效用并且有理性预期这一特定假设进行辩护。在他们的文章中,有一段论述以专业台球手作比喻,这段话观点鲜明,但是也具有争议性(p.298):

这个假设并没有断定地说，个人会明确地或者下意识地计算和比较不同决策的预期效用。实际上，他根本不清楚这样的断言意味着什么，或者如何能够对其进行验证。相反，这一假设认为，个人在做出一系列特定决策时，他们的行为好像(as if)计算和比较了不同决策的预期效用，并且他们好像知道每种结果发生的概率。这一假设的有效性不取决于个人是否知道每种结果发生的概率，不取决于个人是否说他们计算和比较了预期效用或者认为他们这样做了，不取决于是否在他人看来他们这样做了，也不取决于是否心理学家能够发现证据证明个人确实这样做了，而是仅仅取决于这一假设是否能够对人们的决策做出十分准确的预测。换句话说，根据结果进行验证是决定"似是"陈述是否最接近实际情形的唯一可行的方法。

一个简单的例子可能会帮助我们厘清这个问题。想想一位专业台球手在每次击球之前，他在预测球的滚动方向上所面临的困难。我们可以构建一个或者几个数学公式，这些数学公式可以给出能够让球得分的滚动方向，并且会得出一条(或多条)使各种球处于最佳位置的路线。当然，这些公式可能会极其复杂，因为它们必须考虑各个球的相对位置，还必须考虑球桌面的缓冲力大小等其他复杂情况。然而，假设一位球手在击球时就好像他知道这些公式，能够通过眼睛准确估计各种角度(如确定球的位置)，能够根据公式进行快速计算，最后能够使每个球按照公式表明的路线滚动，那么，达成完美预测也就不是那么不合理。即使事实表明，台球手从来没有研究过任何数学问题，完全不能够进行任何必要的计算，也无法证明这一假设不成立，或者削弱我们对这一假设的信心，因为如果台球手不能以某种方式得到与公式相似的结果，他就不可能成为一个优秀的台球手。

上述情形也与我们的效用假设相关。无论个人进行决策时的心理活动机制如何，这些选择看起来都呈现出某种一致性，这在我们的效用假设中可以清楚地看出。这一假设使我们能够对尚无可靠证据的现象进行预测。除非能够证明一个预测是错误的，否则不能宣称这一假设对某一特定行为是无效的。对这一假设的有效性,没有其他决定性的检验方法。

上面的最后一段话值得肯定,因为它强调对反事实情形下选择行为的预测。然而,当弗里德曼和萨维奇提出,他们的"效用假设"(预期效用最大化和理性预期)应该被用来预测行为,除非观察到的行为能够反驳这个假设时,我认为这一观点很难让人苟同。很多行为模型可能与现有的选择行为数据相一致。理性预期假设时常受到怀疑。

那么,为什么弗里德曼和萨维奇提出了一个假设来排除所有其他假设呢?读者可以回顾一下弗里德曼对这一问题的回答——我曾经在第1章引用过,这里我再重复一下(Friedman,1953,10):

> 在同样符合可得证据的多个备择假设中做出选择,在某种程度上必然是武断的,虽然人们都同意以"简单"和"有用"为衡量标准,但是这些概念本身就完全违背了客观标准。

我先前就发现这一回答不能令人满意,这里仍然重申这一观点。我不明白为什么一个科学家只能在单一假设下进行预测,为什么要排除可能是合理的且与现有证据一致的其他假设。这使得我们感到自己具有实际不存在的预测能力。

3.4.2 有限理性

尽管一些经济学家认为似是理性(as-if rationality)对于他们坚持的假设有令人信服的理由,但是其他研究者也同样激烈地反对这一观点。西蒙(Simon,1955,101)在其一篇文章中提出了他的质疑,其后这篇文章引出了行为经济学的大量现代文献,具体如下:

> 囿于生物的心理限制(尤其是在计算和预测能力方面),实际的个人理性最多近似于博弈论模型所暗示的全面理性。

这一概念被称为有限理性（bounded rationality）。西蒙进一步提出了行为研究的任务（p.99）：

> 广义而言，行为研究的任务就是用一种理性行为代替经济模型的全面理性，这种理性与生物（包括人）在其生活的环境中所实际拥有的信息和计算能力相适应。

他接着表明，人类有能力粗略地描述满意和不满意的结果，这一想法被人们称为满意度（satisficing）。

西蒙的文章有一点引起了人们的注意，文章既没有报告也没有引用关于人类实际决策过程的实证证据，仅仅用脚注简略地描述了个人的观察。取而代之的是，西蒙依靠自己关于"共同经验"的解释（p.100）：

> 由于缺少一个决定性理论所要求的关于决策过程的实证知识，在现阶段，在现实世界的我们只能够以一种相对非系统和不严谨的方式进入理论世界。但是，并不是说我们对人类选择的总体特点或者该选择环境的基本特征一无所知。我可以放心地把这一共同经验作为假设的一个来源，这是关于人类的本性及其生活的世界的相关理论所要求的。

因此，尽管西蒙和弗里德曼-萨维奇的文章提出了关于人类行为截然相反的假设，但是两篇文章实际上都是推测性的。

3.4.3 偏见和启示

由于缺乏实证证据，具有不同世界观的研究者（如西蒙与弗里德曼-萨维奇）也许会一直争论下去，根本不可能达成共识。实证研究缓慢起源于20世纪50年代和60年代，70年代以后迅速发展。支配性的研究模式是实验心理学，这一模式同样被实验经济学加以采用。

实验心理学中关于选择行为的研究通常意味着要设计和完成实

验,实验给予参与者特定的信息,并且要求参与者在特定的行动中进行
选择。实验参与者通常是便于找到的人群,如在校大学生,而不是从目
标政策总体中随机抽取一个样本。这一研究的目标通常是检验或者证
明关于人类感知、认知和决策过程的假设。预测新环境中的选择行为
几乎很少成为这一研究的明确目标,尽管它也许是进行一项研究隐含
的理由。

　　丹尼尔·卡尼曼(Daniel Kahneman)和阿莫斯·特沃斯基(Amos
Tversky)的研究项目在心理学科之内和之外都影响巨大。1974 年,特
沃斯基和卡尼曼(Tversky and Kahneman,1974)报告了一个实验,这
个实验是关于参与者在获得样本数据之前和之后对概率的主观判断有
何变化的。当参与者获得新数据后,他们的判断会出现变化,两位研究
者观察到了一些与贝叶斯定理(Bayes Theorem)——一个基本的概率
理论法则——所得结果系统性地不一致的地方。他们把这种不一致称
为偏见(biases)。他们认为,人们会利用所得到的启示性线索处理样本
数据,而不是仅仅完成运用贝叶斯定理所需要的代数计算。他们写道
(p.1124):"总的来说,这些启示性线索是非常有用的,但是有时它们也
会导致严重的系统错误。"这一观点与西蒙的"有限理性"在本质上是相
同的。

　　1979 年,卡尼曼和特沃斯基(Kahneman and Tversky,1979)报告
了关于一个决策的实验,这一实验显示了很多与预期效用理论的预测
系统性地不一致的地方。他们认为,观察到的选择行为表明,人们根据
相对于某一个预先确定的参照点的收益和损失大小评估其将采取的行
动,而不是根据预期效用理论中的绝对结果大小评估其将采取的行动。
他们还认为,观察到的选择行为表明,人们是在非对称信息条件下评估
他们的收益和损失的。他们进而用一个模型——他们称之为前景理论
(prospect theory)——描述了这些以及其他的行为特征。前景理论出
现在他们二人 1979 年的文章中,这一理论假定决策者根据对收益和损
失的评估解决了定义明确的最大化难题。因此,这一理论并不是完全
拒绝而是修正了预期效用理论,提出了作者认为更加准确的关于行为
的描述。

其后,特沃斯基和卡尼曼(Tversky and Kahneman,1981,1986)进一步报告了关于决策的其他实验,这些实验研究了决策问题的决策框架(framing)——研究者描述不同行动结果的语言——对决策行为的影响。这些实验的结果让人震惊。我这里引用他们1981年的文章中关于第一个实验的说明和解释,这篇文章引起了非常大的关注(Tversky and Kahneman,1981,p.453)。下面的难题1和难题2是两个不同决策难题的决策框架,括号中的数字表示样本规模和做出每种选择的参与者的比例。

难题 1[$N=152$]:

想象美国正准备对付一种罕见的亚洲疾病,预计该疾病的暴发将导致600人死亡。现有两种与疾病作斗争的方案可供选择。假定对各方案所产生后果的精确科学估算如下所示:

如果采用A方案,200人将生还。(72%的参与者选择此方案)

如果采用B方案,有1/3的机会使得600人生还,而有2/3的机会导致无人生还。(28%的参与者选择此方案)

你支持哪种方案?

在这一难题中,多数人的选择是风险厌恶型的:确定能挽救200人比冒险挽救200人更具有吸引力,即使后者有1/3的机会可以挽救600人。

对第二组受访者,我给出了同样的背景,但是用不同语言描述备选方案,具体如下:

难题 2[$N=155$]:

如果采用C方案,400人将死去。(22%的参与者选择此方案)

如果采用D方案,有1/3的机会所有人都可以生还,而有2/3的机会使得600人都死去。(78%的参与者选择此方案)

你支持哪种方案?

在这一难题中,多数人的选择是风险偏好型的:确定死亡400人比有2/3的可能使得600人全部死去更让人不能接受。难题1和难题2中的偏好说明了一个共同的范式:人们与收益相关的选择通常是风险厌恶型的,与损失相关的选择通常是风险偏好型的。但是很容易看出这两个难题实质上是相同的,二者唯一的区别在于,难题 1 的结果是用挽救的生命数描述的,难题 2 的结果是用死亡数描述的。

特沃斯基和卡尼曼依据上述实验和其他框架实验(framing experiment)中的类似结果,做出了强有力的推断。他们认为,不仅预期效用理论是不切实际的,而且人的行为与理性选择这一基本原则也是不一致的。根据理性选择,"对同一选择难题,不同的表述方式得到的偏好结果应该是相同的"(Tversky and Kahneman,1986:S253)。他们驳斥了人们有稳定的偏好这一基本的经济学观点,宣称"对人们选择的规范分析和描述性分析得到的结果是不同的"(p.S275)。这一结论摒弃了西蒙将人的行为看作近似完全理性的有限理性观点。这一结论建议心理学应该坚持走自己的路——人类行为的描述性科学,不要再关注经济学家概括和研究人们选择行为的方式。

普遍的非理性或偶然的认知错觉?

特沃斯基和卡尼曼在他们的研究过程中所报告的这些特别的发现没有受到质疑。上面所描述的实验已经被重复过多次,得到的结果非常相似。然而,接受这些实验结果并不意味着一个人就应该接受两位研究者由此做出的推论。他们的结论——实验揭示了人类行为的一般特征——是推断性的。

让我们再考虑一下前面引用的抵御"亚洲病"的框架实验。在描述这一实验的文本中,特沃斯基和卡尼曼用前景理论解释了他们的发现——在考虑收益时,人们是厌恶风险的;在考虑损失时,人们是偏好风险的。他们没有给出符合结果的其他解释。也就是说,一些研究对象可能是风险中性的,他们根据预期结果去评估一个备选方案。

实验中提出的每个实验方案得到的预期结果是相同的,即 200 人获救,400 人死亡。因此,风险中性的人对这些项目的态度是无差异的。前景理论无法证明他们的选择行为是否受到难题 1 和难题 2 的决策框架的影响,因此不意味着理性选择这一基本原则就是错误的。

虽然一些心理学家已经与卡尼曼和特沃斯基携手从特定的实验室实验中推断一般性的人类行为，但是也有很多人并没有这样做。尚托(Shanteau，1989)、斯坦诺维奇和韦斯特(Stanovich and West，2000)以及库伯格(Kühberger，2002)的文章都描述了心理学家不同的观点。洛佩斯(Lopes，1991)解析了卡尼曼和特沃斯基报告其研究时使用的言辞。

很难评估卡尼曼-特沃斯基实验的外部有效性，其中一个重要原因是这些实验有目的性地寻找人在判断和决策上会明显犯错的选择问题。但是卡尼曼和特沃斯基(Kahneman and Tversky，1982，p.123)认为，有目的地寻找人们判断和决策中的错误是一种很有用的方法：

> 很多关于判断和归纳推理的新文献都关注各种思维活动中的错误、偏见和谬误……强调对错误的研究是研究人类判断的一个特点，但不是其唯一特点：我们利用错觉了解人们正常感知的原理，我们通过研究遗忘了解人们的记忆。

他们其后解释道(p.124)：

> 推断研究之所以关注系统性的错误和推断偏见，有三个原因。第一，错误和偏见揭示了我们知识的局限性，提出了提高我们思考水平的方式。第二，错误和偏见经常揭示了人们的心理过程以及探索步骤，此两者决定了人们的判断和推断。第三，通过表明哪些统计或者逻辑原则是非直觉的或者是反直觉的，错误和谬误可以帮助我们描绘人类的直觉。

这种方法也许有其科学性。但是，卡尼曼和特沃斯基强调对错误和偏见的研究给读者带来了一个严重的推断难题。读者可以了解两位研究者已经报告的实验结果(其中肯定表明错误和偏见是很常见的)，但是他们对两位研究者没有报告或者没有进行的实验中将发生的结果一无所知。

再考虑抵御"亚洲病"的框架实验。如果所宣称的死亡人数和生存人数变化了,实验主体将会怎样选择,风险中性的人对不同的实验方案(A、B、C、D)将不再是无差异的了吗? 随着决策的福利后果的变大,较强的框架效应(framing effect)仍然存在吗,或者其将减弱吗?

当然,人们可以通过实验回答这些疑问。卡尼曼和特沃斯基的相关文章并没有表明他们是否已经完成了这样的实验,如果已经完成了的话,他们也没有表明实验结果是什么。因此,我们不知道这些已经发表的研究成果是否证明了人类有普遍非理性的倾向,还是仅仅偶尔出现认知幻觉。

3.4.4 主线是确定性论断

总体来看,弗里德曼认为似是理性最接近人的行为,卡尼曼和特沃斯基认为人们缺少稳定的偏好,两种观点差异巨大。虽然观点迥异,但是主线都是如何表达确定性论断。时至今日,冲突的论断仍然存在于关于人类行为的诸多讨论中,它们经常在最简单的层面上就人类是不是理性的这一点争论不休。虽然西蒙的观点吸引了人们更多的注意力,但是我认为他的观点也缺少充分的论证。

第二部分　政策决策

4 使用不完备知识进行规划

第一部分解释了预测政策结果存在的巨大困难。我观察到,点预测结果是一些分析师通过提出几乎没有根据的强假设得到的。做出更加可信假设的分析师们通常得到的是区间预测,而不是点预测。

第二部分探讨政策决策如何有效克服上述困难。本章和第5章的部分内容应用决策理论基本思想研究一个规划者的政策选择,这里的规划者是一个实际或理想化的根据社会利益独立行事的决策者。第5章的一部分内容和第6章将讨论一个有不同目标和信念的群体进行集体决策时的政策选择。

既然民主国家的决策是经过诸多个人和机构团体之间的互动做出的,那么为何要研究一个规划者呢?即使一个社会对其的要求与信念能够取得共识,不确定世界中的决策过程仍然是很微妙的。我想阐明的观点是:即便在一个团结的社会中,也不存在最优决策,而是存在许多合理的决策。一个规划者是这个非常团结社会的化身,他毫不避讳地承认存在不确定性,并设法克服这些不确定性。

本章研究一个较为简单的决策环境——在此环境中,规划者凭借自己已经掌握的关于政策结果的不完备知识做出独立决策。因此,规划者没有机会获得可以减少不确定性程度的新数据。第5章将研究一个变化的决策环境,这一环境使得决策者有学习的机会。

4.1 医治未知痘病

我以我的书中的一个简单事例作为开头(Manski，2007a，Ch.11)，这一事例描述了一个严重但完全假设的情形。

假设有一种被称为未知痘病(X-pox)的新疾病正在席卷一个社区，所有人都无法避免被感染。若得不到救治，被感染的人都会死去。因此，如果没有有效的治疗方法，所有人都将死去。

医药研究人员提出了 A 和 B 两种疗法，他们只知道其中一种疗法是有效的，但是不知道具体是哪一种。他们还知道同时使用两种疗法是致命的。因此当且仅当对患者使用了有效的那种治疗方法，患者才能够得救。研究人员没有时间通过实验确定哪种疗法是有效的，所有患者都必须立即得到救治。

一个公共医疗机构必须决定救治社区民众的具体方案。它想把患病人口的死亡率降至最低，最大限度地保证存活率。这个机构可以从两种疗法中选择一个，并且对所有患者都使用这个疗法，那么整个社区的居民或者将全部得救，或者将全部死亡。或者，这个机构也可以给一部分人使用一种疗法，给剩下的人使用另一种疗法，那么存活率就是使用了有效疗法的居民所占的比例。如果使用这两种疗法的人各占一半，那么存活率一定是 50%。

医疗机构应该如何做？尽管认识到结果也许是灾难性的，但是它可以选择对所有患者都使用同一种疗法，期盼自己做出了正确的选择。或者，它也可以选择把两种疗法各用于半数人口，这样就会确保有一半人口可以活下来，而另一半人口一定会死亡。对每个方案我们都可以提出不同观点。实际上，可以用本章接下来几部分将要阐述的决策理论研究这两个决策过程。

4.2 决策理论的要素

决策理论旨在指导一个理性的决策者应该如何行事,或者更准确地说,研究一个人如何理性地行事。我将使用决策理论的基本原则研究一个规划者如何选择政策。本章介绍这些原则并说明如何运用它们。第 5 章将会探讨它们更深层次的运用。

假定有这样一个决策者——可能是一个企业、一个人,或者一个规划者——必须从一系列可行的决策中选出一项。每一个供选择的决策都会导致某种结果。决策者对结果赋上价值——在私人决策研究中通常被称为效用(utility),在规划研究中通常被称为福利(welfare)。这里我使用后者。

如果决策者知道每个方案将产生的福利是多少,那么他应该选择福利最高的那个方案。如果他不知道将发生的结果,他将如何理性地行事? 这个问题正是决策理论要解决的。

4.2.1 自然状态

为了定义什么是之前所说的不完备知识,我们假设决策结果由所选的决策以及决策环境的特点决定。决策理论家把与决策相关的环境称为自然状态(state of nature)。他们更进一步假定决策者能够列出其认为可能出现的所有自然状态,这个自然状态清单被称为状态空间(state space),状态空间形象地表达了什么是"不完备知识"。例如在未知痘病事例中,状态空间包含了两个自然状态。在一个自然状态中,A 疗法是有效的,在另 个自然状态中,B 疗法是有效的。

如果状态空间只包含一个元素,那么就可以做出确定的预测,此时决策者知道每个方案的结果。如果状态空间包含多个元素,那么就可以做出政策结果的区间预测。状态空间越大,决策者对各决策导致的结果的了解就越少。

即使在一个简单的仅包含两个可行方案和两个自然状态的决策环境中，决策的根本性困难也仍是清楚的。假定一个方案在一种自然状态下产生了较高的福利，另一个方案在另一种自然状态下产生了更高的福利，但是决策者不知道究竟哪个方案更好。

决策理论没有解释决策者如何构建状态空间，也许决策者是利用可获得的数据和假说决定其认为可能出现的情形。不论是何种状态空间，决策理论所要表现的是决策者认为可信的知识，而不是不可信的论断。

回忆一下本书开头引用的拉姆斯菲尔德的"已知的未知"和"不知的未知"这两个概念的区别。决策理论把不确定因素视为前者而不是后者。当我们说决策者列出了所有可能的自然状态，并且决定与每一自然状态相关的每个方案可能得到的福利时，我是在说决策者面临已知的未知。如果存在不知的未知，决策者就不可能列出所有可能出现的自然状态了。

拉姆斯菲尔德称"对于政策选择来说，在不知的未知情形下更加困难"。他提醒人们注意"不知的未知"所带来的巨大困难是对的。但是，轻视"已知的未知"就有点过于乐观了，因为它们也是非常困难的。

4.2.2　福利函数

接下来让我们把选择一个方案所产生的福利用公式表示出来。如果一个决策者选择的一个方案表示为 C，出现的自然状态表示为 s，则其决策结果是一个福利价值，用 $W(C, s)$ 加以表示。概括地说，就是行动 C 和自然状态 s 产生了福利 $W(C, s)$。在这里，状态空间表示一个决策者拥有的知识，福利函数表示他的偏好。福利价值越高，决策者的境况越好。关于福利函数的实质，决策理论没有涉及。个人偏好也可以采取任何形式。

福利经济学把决策理论用于政策选择，他们对福利函数持两种观点。在一些研究中，规划者被视作一个使用自己的偏好做出选择的决策者。这样的规划者可以被称为独裁者（dictator）或者家长式作风的

(paternalistic)。

在另一些研究中,规划者代表一个团结的社会。在使用这种观点时,经济学家研究这样一个社会想实现什么样的目标,把社会偏好用一个福利函数表示出来。一个占主导地位的传统做法是假定社会偏好可以用功利主义福利函数加以表示,该函数将每个社会成员的私人偏好加总在一起。功利主义福利函数常见的表达式假定,一项政策产生的福利是该政策创造的个人效用的加权平均和。

原则上,把规划者视为独裁者的研究者应咨询这一决策者,了解其社会偏好;赞同功利主义的研究者应该咨询总体成员,了解每个成员的私人偏好。实际上,从事规划研究的研究者通常一件也不做,他们只是假设该独裁者的社会偏好或者总体成员的个人偏好,然后运用他们自己构想的福利函数研究如何选择政策。

关心政策选择的公民需要认识到,在规划研究中推荐的政策选择基本上取决于研究者所使用的福利函数。我在本书第 2 章开篇就写道,在理想世界中,不熟悉研究方法的人可以相信政策分析的结论,而无需关注该结论的产生过程。然而,我提醒道,政策分析的使用者不能完全相信专家所言,他们至少要理解专家所用研究方法的主要特点。

我之后又写了关于政策结果的预测,指出分析师喜欢得出确定性论断的倾向。现在我对规划研究成果的解释持同样谨慎的态度。当分析师断言某些政策选择是最优的时候,这一结论一定取决于他们使用的福利函数。为了说明上述观点,我以所得税政策为例。

4.2.3　最优所得税研究中的福利函数

在规范公共经济学中,研究者经常提出功利主义社会福利函数,然后根据各项所得税政策实现的福利大小对其进行排序。这样做基于一个假设,即个人会计算收入、闲暇以及政府提供的公共产品(public goods)带来的效用。公共产品范围很广,全国性的国防、地方性的治安以及支撑交通、通信和经济活动的基础设施都属于公共产品范畴。所得税政策选择的难题是如何制定所得税计划以及如何利用由此筹集到的收入。税收收入可以用于个人收入再分配，也可以用于公共产品的生产。一项最优政策要决定具体的税收方案，还要决定如何使用税收收入使得功利主义社会福利最大化。该项最优政策不仅取决于个人对收入、闲暇和公共产品的偏好，而且取决于规划者如何加总总体的偏好。

莫里斯的研究

我要描述的是詹姆斯·莫里斯（James Mirrlees）在其开创性的最优所得税研究中使用的福利函数（Mirrlees，1971）。莫里斯采用了功利主义的观点，他写道（p.176）："经济中不同个体的福利是可分的，且是对称的——也就是说，如果恰当地选取个体的效用函数（所有个体的函数都相同），则社会福利可以表示为所有个体效用的总和。"这句话除了表明功利主义的观点之外，也提醒人们注意莫里斯规划研究的另一个重要假设，即他假定总体中所有成员都有同样的个人偏好。

莫里斯把政府的职能限定为把总体中一些成员的收入再分配给其他成员。虽然功利主义福利经济学一直关注收入再分配，但是公共经济学也强调政府的公共产品生产职能。莫里斯的模型假定，效用只是个人收入和闲暇的函数。他认为，如果不需要公共产品的话，政府也不必征税去提供它们。

莫里斯使用我们曾在 3.1 节提到的劳动供给的教科书模型预测一项政策带来的税收收入，然后评估利用这一税收进行收入再分配产生的福利。为了完成他的分析，他必须设定效用函数，并假定这一函数适用于总体中的所有成员。莫里斯是一个理论专家，不是一个擅长根据劳动供给数据探究个人偏好本质的实证分析师。出于便于分析而非实证现实主义的需要，他假定效用函数具有某些特征，然后据此推导出最优税收政策。

我提醒人们注意莫里斯使用的福利函数的具体形式，我无意批评他的文章，相反，我对其非常欣赏。研究者在开拓研究新领域时，应该允许他们为了便于分析做出简化的假设。莫里斯非常谨慎地阐述他的假设，没有宣扬不可信的论断。实际上，他的文章结论部分如下（p.207）：

　　正如之前所预料的，文中所讨论的例子证明，最优所得税计划与税收在总体中的分配策略以及假定的收入-闲暇偏好密切相关。现实经济很难对二者做出估计。简单的消费-闲暇效用函数是对现实复杂情形大胆的抽象概括，所以很难猜想令人满意的估计方法到底是什么。

因此，我们可以看出，莫里斯强调最优所得税政策与人们所做的假设密切相关。

4.3　决策标准

4.3.1　去除劣势方案

仅仅掌握了不完备知识的决策者该如何选择决策方案？决策理论给出了一个简单的部分答案，但是没有给出全部答案。

假定决策者在考虑方案 D 时，他发现还存在另一个可行的方案 C，其在每一种自然状态下产生的福利都不低于有时甚至高于方案 D。那么可以说方案 D 劣于（dominated by）方案 C。

决策理论认为，决策者不应该选择劣势方案（dominated action）——这是共识。在评估劣势方案时，不确定因素无关紧要。就算决策者不知道实际的自然状态，也知道除劣势方案外，还有其他备选方案，并且备选方案至少一定不比这个劣势方案差，而且有可能会更好。

优势是个简单而又微妙的概念。一种普遍的错误观念是认为只有一个方案在每种自然状态下都是最优的，该方案才是一个优势方案（undominated action）。实际上，即使一个方案在每种自然状态下都是次优的，它也可能是一个优势方案。

前面引用的未知疫病的例子就很好说明了以上观点。如果规划者把两种疗法各给半数人口使用，就不存在使政策最优的自然状态。在一种状态下，方案 A 更好，在另一种状态下，方案 B 更好。在一半人口分别使用一种方案的情况下，每个方案都是优势方案，因为不存在可以产生更高福利的备选方案。

4.3.2 权衡自然状态和预期福利标准

去除劣势方案的理由不言自明，但是要在优势方案中做出选择是非常困难的。假定 C 和 D 都是优势方案，在某些自然状态下，C 产生更高的福利，在另一些自然状态下，D 产生更高的福利，"决策者如何在 C 和 D 之间选择"——这样的规范性问题没有确定无疑的答案。

既然没有正确方法可以告诉人们如何在优势方案中进行选择，决策理论家提出了许多决策标准，并且研究了它们的特征。许多理论家建议决策者衡量可能的自然状态，并且评估每种自然状态下得到的加权平均福利的大小，这一福利被称为一个方案的预期效用（expected utility）或预期福利（expected welfare）。此种方法就是选择能产生最高预期福利的方案。本书第 3 章把预期效用最大化作为一个行为假设进行讨论，经济学家用这个假设解释实际决策行为。这里，我把它作为一个规范决策方法。

核心问题是如何衡量可能出现的自然状态。决策理论家建议，每个状态的权重表示决策者相信该自然状态将发生的信念强度。权重是决策者对每个自然状态赋予的主观概率。很多研究讨论了人们如何用这种方式衡量自然状态，并且据此选择产生最高预期效用的方案，这些研究经常被称为贝叶斯决策理论（Bayesian decision theory），以此纪念 18 世纪中期的英国数学家托马斯·贝叶斯，本书第 3 章与贝叶斯定理相关的内容中曾经提到过他。

所选择的权重将影响决策。极端情况下，决策者可能将所有权重都置于一个自然状态上，这相当于在表明这个自然状态发生的确定性。当决策者将所有权重都置于一个自然状态上时，如果一个方案在这种状态下是最优的（不考虑所有其他可能），这个方案将使得预期效用最大化。

4.3.3 不确定状态下的决策标准

如果决策者对决策环境未知特征的主观概率分布有确切把握,权衡自然状态和最大化预期福利的做法就是合理的。不过很多情况下,决策者也许感到根据信念强度权衡自然状态缺少依据。主观概率分布是知识的一种形式,决策者也许感到难以验证。

在上述情形下,决策者面对的难题就是如何在不确定状态下进行决策。艾尔斯伯格(Ellsberg,1961)首次用不确定性(ambiguity)这一术语描述没有主观概率分布的状态。凯恩斯(Keynes,1921)和奈特(Knight,1921)最早讨论过这一概念,所以一些人将其称为奈特不确定性(Knightian uncertainty)。

1. 最大最小福利标准

在不确定状态下,决策者会如何理性行事? 一种可能的方式是评估一个方案可能产生的最小福利,然后选择一个使最小福利最大的方案。用这种方式进行选择的决策者使用的是最大最小福利标准(maximin),全称是"最小福利的最大化"(maximization of minimum welfare)。

2. 最小最大后悔标准

最大最小福利标准提供了不确定状态下较为保守的决策方法,因为它仅考虑一个方案可能产生的最差结果。一些不要求权衡自然状态的其他标准考虑一项方案的最好和最坏两种结果,其中比较有影响的一个是最小最大后悔标准(minmax regret)。

"regret"一词在《牛津英语词典》中有好几种意思。这一词在决策理论中的意思和其中一种较为接近,即"因损失或剥夺而产生的悲伤或失望"。在决策理论中,一个方案在某一特定自然状态下的后悔值,就是决策者没有选择此状态下的最优方案而选择了当前方案,所造成的福利损失。例如,在状态 s 下,方案 C 可让福利最大化,但是决策者选择的却是方案 D,在这一状态下选择方案 D 的后悔值就是这两个方案的福利差,即 $W(C,s)-W(D,s)$。

如果决策者知道实际的自然状态,他将选择此状态下的最优决策。

那么,他的后悔值将为零。因此,使福利最大化的方案就是使后悔值最小化的那个方案。

然而在实际决策时,要求决策者在不知道真实自然状态的情况下做出决策。此时,决策者可以通过最小最大后悔标准对一个方案进行评估,即计算每个方案在所有可能的自然状态中的最大后悔值,然后选择使得最大后悔值最小的那个方案。以这种方式进行选择的决策者使用的是最小最大后悔标准,全称为"最大后悔值的最小化"(minimization of maximum regret)。

4.3.4 使用不同标准医治未知痘病

在特定决策环境下,将以上三种评估标准(最大预期福利、最大最小福利、最小最大后悔)并列考虑是很有启发性的。那么让我们考虑如何把它们用在之前假设的医治未知痘病的例子中。在此情形下,可行的方案是不同疗法的分配方式,即将两种疗法在总体中按照一定的比例进行分配。使用 A 疗法的这部分人口的比例可在 0 到 1 之间取任意值;剩下的那部分人口使用 B 疗法。此外,存在两种自然状态分别为 t 和 s。在 s 状态下,A 疗法有效而 B 疗法无效。在 t 状态下,B 疗法有效而 A 疗法无效。

决策所产生的福利以总体存活率衡量。如果规划者给占总人口比例为 d 的人口使用了 B 疗法,给余下的 $1-d$ 人口使用了 A 疗法,t 状态下的存活率是 d,s 状态下的存活率是 $1-d$。

根据上面的设定及福利函数,所有的分配方案都是优势的。比较任意两个比例 c 和 d,且 c 大于 d。在 t 状态下,让 c 比例人口使用 B 疗法的结果好于让 d 比例人口使用 B 疗法。但是在 s 状态下,让 c 比例人口使用 B 疗法的结果坏于让 d 比例人口使用 B 疗法。

现在假定一个规划者把这三种评估标准用于医治未知痘病。本书的附录 A 表明,当一个规划者对两种自然状态发生的可能性赋予了主观概率,且通过最大预期福利标准(此情形下指存活率)评估每种治疗方案分配方法的好坏时,他会把自己认为最有效的一种疗法给所有病

人使用。相反,最大最小福利和最小最大后悔两项标准都要求规划者
把两种疗法各分别给一半患者使用。结果会发现,如果规划者的目标
是使预期存活率最大,则实际存活率不是 0 就是 100%。如果他的目
标是使最低存活率最大,或者最大后悔值(最大死亡率)最小化,则实际
存活率一定是 50%。

尽管在这一事例中,最大最小福利和最小最大后悔标准所得到的
治疗方案分配方式是一样的(将两种疗法各分别给一般患者使用),但
是总体而言,两者还是有区别的,它们通常会产生不同的方案选择。为
了理解这一点,我们给医治未知痘病情形再增加一种自然状态 u,在此
状态下两种疗法均无效。可以看到,加入这一状态不会影响规划者依
据最大预期福利或最小最大后悔标准做出的选择。但是加入这一状态
后,所有的治疗方案分配方式都可以解决最大最小难题,因为现在存在
一种可能的自然状态,在此状态下无论采取何种疗法所有人都会死去。

4.4　运用不完备犯罪预防知识制定搜查政策

医治未知痘病的例子虽适用于教学,但是过于简单。这里,我概括
介绍一个更加真实的如何用不完备知识进行规划的研究,这一研究涉
及非常具有争议的执法难题(Manski, 2006)。这是一个搜查政策选择
问题,是否决定对被搜查者进行搜查,会因被搜查者能够观察到的外部
特征的不同而不同。

对于这一政策,支持者认为对于有效执法而言,根据个人特征决定
是否对其搜查是必要的,反对者认为这对于那些经常被搜查的人来说
是不公平的。不同种族搜查率的差别一直以来都颇有争议,相关讨论
可参见诺尔斯、波西科和托德(Knowles, Persico and Todd, 2001),波
西科(Persico, 2002)以及多米尼兹(Dominitz, 2003)。虽然很多关于
搜查率的研究已经试图定义和探究种族歧视问题,但我要研究的是一
个使用功利主义福利函数的规划者如何合理地选择一项搜查政策。

首先，我认为规划难题是怎样把犯罪和搜查的社会成本降至最低（福利的最大化就是社会成本的最小化）。假设搜查行动本身的成本很高，并且如果该搜查证明被搜查者有犯罪行为，惩治违法分子也需要成本。但是，搜查在某种程度上对阻止或预防犯罪是有用的。搜查对犯罪的威慑作用可以用犯罪行为函数（offense function）表示，这一函数描述了具有既定特征的个人的犯罪率如何随着他们受到的搜查率的不同而变化。如果搜查阻止了危害社会的犯罪行为，那么搜查就产生了预防作用。

当规划者知道每个特征群体的犯罪行为函数时，我可以推导出最优的搜查政策。一个有趣的发现是最优政策是对犯罪倾向比较弱的群体进行搜查，对犯罪倾向非常强的群体不进行搜查，因为对于前者而言，搜查能够阻止他们将来犯罪，但是对于后者而言，再多的搜查也无法阻止他们将来犯罪。

我随后分析了当规划者只部分了解犯罪行为函数，即当他无法得出最优搜查率时，如何解决规划难题。预测搜查对犯罪的预防作用是很困难的，因此我主要讨论可能有时符合实际情形的信息设定问题。

我假定规划者面对的是一个具有特定特征的研究总体，这一特征是以前就选定的，然后观察这一总体的犯罪率。规划者发现，可以假定该研究总体和目标总体有相同的犯罪行为函数，并且搜查能够预防犯罪，也就是说，对每一特征群体的搜查率越高，其犯罪率就低。但是，我假定规划者不知道搜查对犯罪的预防作用到底有多大，因为搜查对每个群体的作用可能不一样。

在此情形下，我先说明规划者如何剔除劣势搜查率——也就是无论实际犯罪行为函数是什么，这一搜查率都是较差的选择。总体来说，当搜查成本很低时，低搜查率是劣势选择，反之则反。技术分析能够得出精确结果。然后我说明规划者如何用最大最小福利或最小最大后悔标准选择一个优势搜查率。两种标准产生了不同的政策选择。

虽然歧视性的搜查率不是我主要关注的问题，但是一些分析暗示了此类推断难题。诺尔斯、波西科和托德（Knowles，Persico and Todd，2001）以及波西科（Persico，2002）的研究模型暗示，如果不存在歧视的话,最优的政策是对具有不同特征的人使用同样的搜查率——假定这样的人都要被搜查的话。曼斯基(Manski,2006)的模型与他们的不同,并且没有得出上述结论。

也许,最重要的差别是福利函数的不同,警察根据假定的福利函数制定搜查政策。波西科及其合作者假设,街面上设置巡逻警察的目的是最大限度地通过搜查成功地发现犯罪行为,同时降低搜查成本。我则假定,规划者希望从三个方面使得社会成本最小:(a)已实施犯罪行为造成的危害,(b)惩治犯罪的成本,以及(c)完成搜查的成本。虽然波西科等人所用的福利函数并未考虑威慑的作用,但是我使用的福利函数把它考虑在内了。这两个福利函数的差别对政策选择有重要影响。

4.5　运用不完备疗效知识制定疫苗接种政策

这里我描述另一个运用不完备知识进行规划的研究,这一研究的主题与警察搜查不同,但是要点却是相似的。曼斯基(Manski,2010)研究了一个规划者——这个规划者仅部分了解这一疫苗对于预防疾病的作用——面临疫苗接种政策选择难题。我首先提供一些背景信息,然后概括介绍所做的分析。

4.5.1　背景

如何为被怀疑感染了某种传染病的人群选择一种疫苗接种方案是个难题,这一难题引起了流行病学家的高度关注,也引起了经济学家的关注。二者在研究中都使用流行病学模型预测不同接种方案的结果。研究人员设定一个福利函数,在假设这一流行病学模型是准确的情况下,决定最优的政策方案。

最近这方面的研究很多,我举其中一个作为例子,帕特尔、伦基尼和哈罗伦(Patel,Longini and Halloran,2005)考虑的目标是如何利用

数量有限的疫苗,把总体中的感染人数或死亡人数降至最低。他们文章中的讨论部分概括了一个重要发现(p.210):

> 我们已经证明,最优的疫苗接种方案非常有效,特别是与随机大规模接种疫苗方式相比。在疫苗仅能满足30%的人口,且目标是使得患病人数最少的情况下,对于像"亚洲病"那样的大流感,采取最优疫苗接种方案的效果比随机接种疫苗高84%。最优疫苗接种方案要求先给儿童集中接种疫苗,剩下的疫苗再给中年人接种。在此情形下,如果被感染人口为2.8亿人,采用最优接种策略比随机接种疫苗可以多防止3 100万人得病。

上述三位作者对他们的发现信心满满。疫苗接种研究人员通常不研究如何运用不完备知识进行规划。他们根据各种假设做出最优决策,偶尔用敏感性分析承认研究的不确定性。然而,敏感性分析不能指导只有不完备知识的规划者如何做出决策。

4.5.2　内在效用与外在效用

为何一位卫生规划者也许只能部分了解疫苗的疾病预防作用? 有两个原因,其一,他可能不完全知道疫苗的内在效用(internal effectiveness)——疫苗产生的免疫反应可以防止接种者生病或被感染;其二,他可能不完全知道疫苗的外在效用(external effectiveness)——防止患者将疾病传染给未注射疫苗或未成功注射疫苗的人群。疫苗的内在效用仅关注个体对疫苗的反应,外在效用衡量的是疫苗对其他人的相互影响程度。

了解疫苗的外在效用比内在效用要难得多。一个标准的随机临床试验可以揭示疫苗的内在效用,在总体中随机抽取一个处理组,给该组成员接种疫苗,观察有多少人在接种后产生了免疫力,即此类人所占的比例是多少。但是随机临床试验不能揭示接种疫苗的外在效用,也就是接种疫苗对未接种人群的影响。假设一项试验只给占总数百分之二十的人注射了疫苗,对这一总体发病率的观察只揭示了百分之二十接种率下的外在效用。其他疫苗接种率下这一总体的患病结果都是反事实结果。

如果接种者的相互影响仅限于当地,则接种疫苗的外在效用可以通过在当地不同地点多次进行独立的随机临床试验得到——在每次试验中改变总体中接种疫苗人群的比例。然而,如果接种者的相互影响范围是全球性的,那么这个总体就只有一个参照组,不可能进行多次随机临床试验。

由于无法从随机临床试验中获取证据,疫苗接种研究者致力于构建疾病传播数学模型。一些研究致力于真实描述个人行为、社会相互影响和生物进程如何共同影响疾病在一个群体中的扩散。但是,这些作者通常很少解释他们关于个人行为、社会相互影响和生物进程的假设,使得我们无法判断其假设是否正确。因此我谨慎地把他们对政策结果的预测看作计算性的实验,而不是准确的预测。

4.5.3 规划难题

我提出了一个规划难题——规划者必须为具有相同观察特征的庞大人群选择一个接种率。假设总体成员有相同的观察特征并不意味着他们对疫苗的反应也是相同的。这只意味着规划者没有观察成员的个人特征——这些个人特征使其可以据此采用不同的治疗方法。

我假定规划者的目的是使一个由两个要素构成的福利函数最大化,一个要素衡量疾病造成的社会伤害,另一个要素衡量向人群接种疫苗的社会成本。我假定疾病造成的社会危害与患病人口的比例是正相关的,疫苗成本与接种疫苗的人口比例也是正相关的。福利函数反映了疫苗政策的主要矛盾:群体注射疫苗的比率越高,疾病发生率越低,但是向人群接种疫苗产生的成本也越高。

在以往关于疫苗接种的最优政策研究中,有研究者设定过类似的福利函数,比如布利托、辛斯基和英特里盖特(Brito, Sheshinski and Intriligator, 1991)。但是,这些福利函数通常都假定接种疫苗的目标是将疾病传播率控制在设定的发病率门槛之下，如鲍尔和琳尼（Ball and Lynne，2002），或者希尔和伦吉尼（Hill and Longini，2003）。后两位作者问道（p.86）："如果要防止流感传染给整个人群，该人群中每个年龄组接种疫苗人数的最小比例应该是多少？"

阻止流行病发生的目的可能与社会福利最大化不同。流行病学认为，当一个总体中感染人数的比例随着时间升高，就发生了流行病。相对地，我在书中提出的福利函数是由疾病的持续时间抽象得出的，并且考虑了总体中的疾病发病率。

4.5.4 对外在效用的不完备知识

最优的疫苗接种率取决于疫苗的内在效用和外在效用。我假定规划者通过随机临床试验完全掌握了接种疫苗的内在效用，同时，根据实验证据和假设部分掌握了接种疫苗的外在效用。

证据来自对一个研究总体接种疫苗情况及其得病率的观察。我假定，规划者发现可以有把握地假定研究总体和实验总体中的外部效用是相同的，且随着疫苗接种率的增加，未接种疫苗人群的患病率将减少。我假定规划者只知道这些，但不知道随着疫苗接种率的增加，感染率到底会减少多少。

这样的信息设定和我上一节描述的警察搜查政策案例十分相似，在考虑如何决定警察的搜查率时，规划者不完全了解搜查的威慑作用。假定搜查阻止了犯罪和假定接种疫苗防止了疾病传播是单调实验反应（monotone treatment response）的两个典型案例，这一实验通常提出一个被认为可信且有用的假设，这一假设声称，随着有益的实验数量的增加，负面结果的发生率将单调下降（Manski，1997b）。

4.5.5 选择一个疫苗接种率

也许有人认为，单调性假设过于薄弱，无法得出关于实验选择值得关注的政策含义。但是，这一假设在疫苗接种率的选择中有重要作用，就像其对于警察搜查率的选择一样。这一假设意味着,当向人群接种疫苗的成本相对于疾病造成的伤害非常小(大)时,较小(较大)的接种率是劣势方案。

虽然规划者可以将劣势疫苗接种率剔除,但是他必须从优势疫苗接种率中做出选择。我推导出了最大最小福利和最小最大后悔标准下的疫苗接种率。规划者可以选择不给任何人接种疫苗,或者给所有人接种疫苗,或者只给总体中一定比例的人接种疫苗。采取何种选择(接种率)取决于从研究总体中获得的数据、疾病伤害和接种疫苗的相对成本,以及所采用的决策标准。

当一个公共卫生机构有权强制进行实验,对一个研究总体进行观察,并且不愿意对外部效用做出除单调性之外的假定时,这一研究成果可以用于制定疫苗接种政策。当然,这一研究成果不一定是普遍适用的,它取决于我关于可行的政策选择、福利函数以及规划者所掌握的关于实验反应的知识等一系列假定。能被广泛应用的是其采用的方法:如何识别规划难题,如何去除劣势方案,然后使用某一决策标准选择一个优势方案。

4.6 理性决策和合理决策

我在本章的开头写道,决策理论指导理性的决策者应该如何行事,或者说得不那么绝对,就是考虑决策者会怎样合理地行事。不过关于决策理论的任务一直存在不同观点,这样的分歧既有实际意义,也有理论意义。我会在本章结尾详细探讨这一分歧。

一种观点认为,决策理论应该提供一种特定程序,让决策者可以从优势方案中做出选择。据说遵循这样的程序可以做出理性决策。另一种观点研究和比较了各种决策评估标准,但没有宣称哪一个评估标准是最优的。简言之,我认为这两种观点分别关注的是理性(rational)决策和合理(reasonable)决策。

当我说没有绝对正确的方法可以让人们在优势方案中做出选择时，我用"合理性观点"（reasonableness perspective）一词表示这种情况。我研究了三种重要的决策评估标准，但是没有特别推荐哪一种。我的目的只是想告诉人们选择何种决策评估标准很重要，人们所做出的决策可能依赖其使用的评估标准。医治未知痘病案例已经很好地证明了这一点。

统计决策理论创始人亚伯拉罕·瓦尔德（Abraham Wald）最早使用了合理性观点，他深入研究了最大最小福利评估标准，认为这一评估标准不是最优的，而仅仅是合理的。从语义上讲，瓦尔德认为决策者的目的是希望将一个损失函数（loss function）最小化，而不是将一个福利函数最大化，因此他使用最小最大而不是最大最小这一术语。瓦尔德在其早期的重要著作《统计决策函数》（*Statistical Decision Functions*，1950，p.18）中写道："总的来说，一个符合最小最大损失标准的方案是一个合理的解决难题的方案。"

在理性观点（rationality perspective）的支持者中，最有影响力的也许就是伦纳德·萨维奇了。此外，他在 20 世纪中叶对决策理论也做出了里程碑式的贡献。萨维奇强烈反对最小最大损失标准，他1951 年在对瓦尔德（Wald，1950）的著作进行评价时写道（Savage，1951，p.63）："运用最小最大损失标准得到的结果实在过度悲观了（ultra-pessimistic），还不曾有人对其提出过严肃评判。"

接下来，萨维奇提出了最小最大后悔标准，认为这一标准提供了一个更加明智的决策方法。最小最大损失与最小最大后悔标准的不同点在于它们如何衡量损失，前者用绝对量衡量损失，后者用相对于某一既定自然状态下可以得到的最好结果衡量损失。因此，最小最大后悔标准不是"极度悲观的"。

三年后，萨维奇在其 1954 年出版的重要著作《统计学基础》（*Foundations of Statistics*，1954）一书中肯定了预期福利标准的优点，认为决策者不仅可以使用而且应该使用这一标准。他很好地证明了选择行为遵循一致性公理（consistency axiom），在数学上相当于对各种可能的自然状态赋予了一个主观概率分布，并使其预期福利最大。他声称遵循他的一致性公理可以被视为理性行为。他得出结论:决策者对于其状态空间应该赋予一个主观概率分布,并且应该使其预期福利最大。

萨维奇的观点在应用经济学家中具有很大的影响力,但是这一观点在决策理论家中立刻引起了争议。大量持不同观点的文献持续涌现。本书并不是来总结和评述上述文献的,但是我会解释为何我不接受萨维奇的观点,也不认为预期福利标准能确保其在所有决策标准中就是最优的。我先探讨萨维奇为其一致性公理辩护的实质。

4.6.1 萨维奇的一致性观点

萨维奇的研究领域属于决策理论的一个分支,被称为公理化决策理论(axiomatic decision theory),这一理论的主要体系是表示定理(representation theorem)——研究一系列假设的决策选择情境,认为这些公理要求不同情境中的行为具有一致性。这样一个定理证明,遵循这些公理可以表明不同情景中的行为人运用了某一特定的决策标准,反之亦然。

一致性公理认为,考虑到一致性,个人如果要在给定的情境下做出特定决策,就应该在其他情境下做出与上述决策一致的决策。也许,广为人知的一致性公理,也是最容易想到的,就是传递性,定义如下:

> 传递性(transitivity):设 C、D、E 为三个方案。有三个选择情境。在第一个情境中,决策者要在 C 与 D 方案中选择;在第二个情境中,决策者要在 D 与 E 方案中选择;在第三个情境中,决策者要在 C 与 E 方案中选择。决策者的选择行为是具有传递性的,也就是说如果决策者在 C 与 D 之间先选 C 而非 D,在 D 与 E 之间先选 D 而非 E,那么就可以断定,如果让他在 C 与 E 之间选择,他会先选 C 而非 E。

传递性也可以简单理解为如果方案 C 优于方案 D,方案 D 优于方案 E,就暗示方案 C 优于方案 E,从而推断在 C 与 E 之间,他应该选择方案 C

而非方案 E。

如果上述三个方案皆为优势决策，那么传递性的常规作用会变得更加模糊。因为当中的逻辑没有告诉我们，只要决策者在方案 C 与 D 之间先选了方案 C，在方案 D 与 E 之间先选了方案 D，他就会在 C 与 E 之间先选方案 C。

但是萨维奇坚持认为，遵循传递性和其他一致性公理可以做出不完备知识情形下的合理决策行为。这样做时，他承认逻辑本身并不要求行为人必须遵循那些公理。他在其所著的《统计学基础》第 7 页中写道：

> 我要创立一个高度理想化的"理性"人决策行为理论。要这么做，我就应该让各位认同这个理论和这些公理都是"合理的"。目前，让"合理的"意为合乎逻辑的是没有太大问题的。不必纠缠于文字，它只是一种形式。我们必须在某些情形下做出决定，在这些情形中，除了普通的逻辑标准，还需要其他标准。所以，当有某个最大化标准供你考虑时，你必须想想是否将照此行事。我也可以这么问：如果你注意到你的行为违背了这些标准，你会有何反应？

关于传递性公理，他在该书第 21 页中写道：

> 假定有 f、g 和 h 三个方案可供我选择。f 与 g 相比，我偏好 f；g 与 h 相比，我偏好 g；h 与 f 相比，我偏好 h。在这么选择时，我感觉非常不安，这与我意识到我的信念存在逻辑矛盾时的感觉是一样的。无论何时审视我的三个偏好，我发现反转其中一个偏好都是毫无困难的。实际上，如果把这三个偏好放在一起考虑，可以发现，至少其中之一无论如何都不再能被算作一个偏好。

在前一段话中，萨维奇请求读者反思并同意公理带有理性特征这一观点。在后一段话中，他陈述了他的反思，该反思揭示了传递性的预期作用。

上述两段话并没有说遵循萨维奇提出的公理，就能产生真正好的决策。萨维奇把一致性本身视为一个优点。他写道(p.20)："要分析我们为什么以及在何种情况下希望保持一致性似乎有些不妥当,间接地表明我们的确希望如此就足够了。"

4.6.2 现实主义的理性和公理化的理性

虽然有人会在公理化决策理论范畴内或范畴外批评萨维奇的公理,但来自决策理论圈内的评论普遍同意萨维奇的观点,尤其更普遍地接受公理化决策理论,认为不同决策情境下的行为具有一致性是一种美德,对他的批评集中在提出了规范性诉求的具体公理上。是否赞成公理化决策理论中的规范性诉求取决于个人,所以不要期望能达成共识。不同决策理论家的观点的确差异很大。有足够数学知识且对公理化决策理论中的争论感兴趣的读者,可以读读宾莫尔的专著《理性决策》(*Rational Decisions*,Binmore,2009)。该书介绍且评价了许多一致性公理。

决策理论圈外的评论与遵循一致性公理的观点相左,而且各不相同。曼斯基(Manski,2011d)认为,一个面对实际决策问题的人,他在意的不是在各个假设决策情境下的行为一致性,而是想在实际情境下做出合理决策。所以规范决策理论应该聚焦于现实主义理性问题。现实主义理性的解释如下:

现实主义理性(actualist rationality):决策标准应该促进面临现实选择难题的机构实现福利最大化。

"现实主义者"这一词语在现代英文中几乎很少使用,但是其释义充分体现了现实主义理性的观点:

现实主义者(actualist):一个仅考虑实际情况和条件的人,他不考虑理论或想象的情况(*Webster's Revised Unabridged Dictionary*,1913)。

现实主义理性和公理化决策理论中的理性不同。从哲学伦理学角度解释，前者是结果主义者（consequentialist）；后者是道义论的（deontological）——人们把不同选择情境下的行为一致性看作一种美德。

从现实主义理性角度而言，决策者不需要像萨维奇一样，参与到对他自己或他人规范性诉求的沉思与内省中去。他也不认为现有的公理化决策理论一点都不能用于评估以不完备知识做出的理性行为。如果研究者能证明遵循某些公理可以在实践中促成良好决策，那么就不必拒绝公理化决策理论。然而，迄今为止这一直都不是公理化决策理论的目标。

4.6.3　对主观概率的公理化观点和现实主义观点

只要对比一下公理化思想和现实主义思想对主观概率分布的认识，就能充分说明两者的区别。萨维奇提出的那些一致性公理没有提到主观概率问题。他只是表示从数学角度，遵循这些公理相当于把主观概率分布置于可能的自然状态，并最大化预期福利。

从现实主义角度，主观概率不是暗含在选择行为中的数学概念，而是用来做决策的心理学概念。特沃斯基和卡尼曼（Tversky and Kahneman，1974，p.1130）在讨论主观概率的心理现实主义时，指出了公理化观点和现实主义观点对主观概率的区别：

> 也许应该注意到，尽管有时可以从人们下注时的偏好推断他们的主观概率，但这并不是它们通常的表现形式。一个人赌 A 队赢而不是 B 队赢，因为他认为与 B 队相比，A 队赢的可能性更大，他并没有从自己的下注偏好中推断自己的信念。因此，在现实中，是主观概率决定了他的下注选择，而不是根据下注选择推断他的主观概率。在理性决策的公理化决策理论中，道理是一样的。

统计决策理论家詹姆斯·伯杰（James Berger）对比了公理化观点和现实主义观点，他提醒说："如果运用了不当的先验分布，贝叶斯分析法虽然从公理化观点来看是'理性的',但是从实践角度来看是糟糕的。"(Berger,1985,p.121)伯杰的评论表达了现实主义观点,强调决策评估标准的实际效果。他用"先验"一词表示人们还未观察到相关实证证据就有的主观概率分布。

艾尔斯伯格对不确定性的看法

前文假设决策者把主观概率分布置于可能的自然状态下。但是丹尼尔·艾尔斯伯格(Daniel Ellsberg)却质疑这样的前提假设。艾尔斯伯格因其在1971年散布五角大楼秘密文件而广为美国公众知晓,也因为一篇重要论文(Ellsberg,1961)在决策论领域中成名。在该篇文章中,他观察到做出充分考虑的决策者有时表现出的行为模式与萨维奇提出的公理相悖,这意味着决策者没有掌握主观概率分布。考虑到决策者的这种行为,他在文章结尾这样写道(p.669):

他们是傻子吗? 本文的目的不是对此作出评判。我优先关注以下可检验的命题:(1)某些信息状态确有可能被认为是很不确定的;(2)在这些状态下,很多理性决策者在做某些决策选择时,倾向于违背萨维奇所提出的公理;(3)他们行事经过思考,不会轻易改变;(4)运用一个特定决策规则,可以识别和描述某些有悖公理的决策行为。

倘若上述命题成立,那么有关上述行为的最优性问题将会引起更多的关注。对我而言,仅仅是这些行为与某些乍看之下合理的决策选择公理相矛盾并不意味着这些行为是不理性的。因为对不确定状态下现实的或是"成功的"决策问题的实证研究还不成熟,不足以让我们确信这些公理是绝对正确的。专横地要求人们在决策时不受他们模糊感知的限制,也不体谅精确估计概率对他们而言有多困难,或者断言他们的应对方式不符合长远利益,并直言如果他们不按内心深处的意愿决策,结果或许会更好——这些评判都是很鲁莽的。如果他们决策行为中的逻辑不是那么让人信服……对我而言,上述没有一个是有力的抗辩。的确,概括性地评价所有人的行为是不理性的本来就是个伪命题。我也是这样的决策者。

无论如何，从以上命题可以判定贝叶斯和萨维奇方法对不确定状态下决策行为的预测是不正确的，提出的建议也不可行。决策者的行为明显是与公理相悖的，因为对决策者而言这样做似乎是合理的。难道他们真让人误解了？

与伯杰一样，艾尔斯伯格的话表明了现实主义者对于一项决策标准在实践中作用的看法，他写道，就算决策行为与萨维奇公理相悖，也不应该判定说决策者的行为是不理性的，相反，我们应该探究决策者采用的决策评估标准对克服不确定性的效果如何。显然，他非常关注"不确定状态下'实际的'或'成功的'决策的本质"。

4.6.4 追求理性与寻求确定性论断

我之前解释了没有唯一正确的方法可以帮助我们从优势方案中做出选择。因此，在我看来，萨维奇和其他公理化决策理论家寻求基于不完备知识进行的理性决策过程是一种误导。我们必须承认不存在最优决策标准这一现实，并满足于实际存在的理性决策标准。

追求理性和本书开篇探讨的追求确定性论断有很多共同之处。尽管这样的确定性是不可信的，但分析人士还是以此来预测政策结果。同样，决策理论家经常宣称他们知道最优决策方法，即使最优决策方法分明是不可得的。我在导论中写道，我希望推动政策分析从不可信的确定性论断走向对不完备知识的如实描述。我同样希望鼓励人们在制定政策时采取多种决策标准。

5

多元化处理选择

　　本章将把上一章介绍的以不完备知识进行规划的分析框架用于解决如何给一个总体分配两种处理方案这一难题。我还将考虑群体决策过程，即一组决策者共同决定处理方案的分配。在两种情况下，我都把多元化处理选择作为克服和减少不确定因素的一个重要策略。我最初在我的两本著作中提出了这一想法(Manski，2007a，2009)。

　　长期以来，金融多元化一直是投资组合配置中备受推崇的方法，投资人把资金分散投入一系列投资项目。如果一个投资人不是把所有资金都投入一个项目，而是把适当比例的资金投入不同项目，那么他的投资组合就是多元化的。完全了解所有投资项目收益的投资人不会进行多元化投资。相反，他认为把所有资金都投入收益最高的项目效果会最好。金融多元化产生于投资者金融知识的不完备性。宽泛地说，它帮不确定每个投资项目最终收益的投资人抵消了可能发生的错误投资所带来的损失。

　　我认为，在一个社会不知道最有效处理方案但必须对社会总体实施处理的情况下，多元化方法也同样适用。我在前一章使用最小最大后悔标准处理医治未知痘病的疗法选择时，就举了个例子。我们发现使用这种评估标准的规划者会随机把两种疗法各用于一半人口。每个个体不能将自己的处理方案多元化，每个患者只能接受一种疗法，他别无选择，其结果要么是死亡，要么是存活。不过如果群体中受用两种疗法的患者比例不是一半对一半，那么就有选择余地，可以实现疗法选择的多元化。因此，虽然个人无法实现痘病疗法选择的多元化，但是群体多元化是可行的。

新群组的序贯治疗(sequential treatment)让多元化方法更有吸引力，因为社会可以从相互借鉴中得益。我们观察先接受处理的群组产生的结果，该群组会把其选择的处理告知后续群组。多元化方法有利于学习借鉴，因为它在人群中随机分配两种处理，这相当于进行了经典的随机实验。在处理结果不会随时间变化的稳定状态下，多元化方法短期内可以克服不确定因素，长期内可以减少不确定因素。

当然，多元化方法不是一直可行的。人类共同面对许多风险，如战略性的核战争、系统性的金融危机、全球变暖、流行疾病等。因为世界是密不可分的，所以上述风险是不能够进行多元化处理的。尽管如此，许多风险还是可以进行多元化处理的，这正是我们目前关注的。

我首先考虑的是规划者处理单一群组的情况，然后假设他继续处理一系列有同样处理反应的群组，最后我考虑集体决策过程。

为了便于分析，我仅考虑只有两种处理的情况——现有处理和新处理。现有疗法也许是标准的医疗方法，应用了现有技术，新疗法可能应用了新技术。我们有理由假定已从实践中掌握了现有疗法的疗效。但是我们对新疗法的了解是片面的，因为它还被未使用过。

多元化法与外观分析法

在展开分析之前，我应该解释多元化法(diversification)和外观分析法(profiling)之间的区别。多元化法要求随机给患者使用不同的疗法。前一章讨论的外观分析法要求系统地给患者使用不同的疗法，因为患者的特征不同，且该特征与其治疗反应具有相关性，例如，医生给患者采取的疗法会因其年龄和健康状况而不同，政府救助失业工人的措施会因其经验和技能而不同，对违法者的量刑也会因其过往犯罪情形而异。

如果规划者知道各个组中处理反应的差异，外观分析法是一种好方法。如果他知道一种特别疗法对某一群组更有效，另一种不同疗法对另一群组更有效，他完全可以系统性地对两个群组使用不同的处理。

如果规划者不知道上述差异，那么用多元化法会更好，因为虽然他不能系统性地区别两种疗法的结果，但是会发现，通过随机分配疗法可以克服不确定因素，并得到有用的反馈。

5.1　给一个总体分配两种处理

在前一章讨论如何从优势方案中进行选择这一难题时，我区分了两种情形：一种是决策者认为能用主观概率分布描述其认为可行的自然状态，另一种是决策者认为不能如此。最大预期福利标准通常被应用于前一种情形的决策。最大最小福利标准和最小最大后悔标准可用于后一种情形。

医治未知痘病的例子说明，决策评估标准对方案选择有重要影响。假设所产生的福利用社区的存活率来衡量，我们发现希望最大预期福利的规划者不会选择多元化治疗方案。采用最大最小福利标准的决策者会在两种自然状态下，分别给半数人口各使用一种疗法，但是不会在三种自然状态下（加上两种疗法均无效的状态）采用此分配方式。采用最小最大后悔标准的规划者在上述两种或三种自然状态下，都会给半数患者各使用一种疗法。

当一个规划者必须把两种可行处理中的一个用于总体中的每个成员时，我们来看看决策评估标准如何决定处理的选择。如在医治未知痘病案例中，两种疗法为 A 疗法和 B 疗法，可行的方案是两种疗法的分配方式，就是把两种疗法各给一定比例的患者使用，即在 0 到 1 之间选择任意比例 d，规划者给总体中 d 比例的患者使用 B 疗法，给剩下的患者 $(1-d)$ 使用 A 疗法。患者对疗法的反应都是个体化的。

因为目前的分析很容易，我用基本数学符号和代数知识就可以给出独立的解释。（不喜欢代数的读者可略读此节，直接跳到 5.2 节。）代数方法从两个重要方面概述了医治未知痘病的例子：第一，治疗的结果是多元的，而不是如只有死亡和存活这般二元的；第二，治疗反应在总体中是多变的。例如，治疗结果的好坏可能会是病人存活了多久。即便患者接受相同的治疗方案，他们的存活时间也可能不同。

处理选择取决于福利函数。此医治未知痘病案例中，用总体的存活率来衡量福利。因此，规划者把代表了总体中每个成员的治疗结果的 0—1 变量进行加总，然后再除以总体规模，也就是说，他用每个治疗方案的平均结果衡量其福利大小。因此，我假设规划者将总体中每个成员的治疗结果相加，然后除以总体规模就得出了存活率。

在医治未知痘病案例中，最大预期福利、最大最小福利和最小最大后悔标准有不同的多元化特征。依据最大预期福利标准进行决策的规划者不会采取多元化疗法。依据最大最小福利标准进行决策的规划者通常也不会采取多元化疗法，除非状态空间内存在某些利于使用该方法的条件。依据最大最小后悔标准进行决策的规划者一定会采取多元化疗法。具体的治疗分配方案取决于决策者认同的平均治疗结果。由此看出，规划者使用的决策评估标准对其疗法选择有决定性影响。

5.1.1　福利函数

为了便于分析，如果规划者在状态 s 下随机对总体中 d 比例的成员采用 B 处理，我们假定函数 $W(d, s)$ 表示这一方案所产生的福利。如果处理目的是延长病人的存活时间，那么 $W(d, s)$ 表示比例为 d 的成员接受 B 处理、比例为 $1-d$ 的成员接受 A 处理时的总体平均存活时间。

如果总体中的每个成员都必须接受两种处理中的一个，那么 $W(d, s)$ 表示将发生结果的加权平均数。如果每个成员都必须接受 A 处理，那么 $W(0, s)$ 表示此时将得到的平均结果。如果每个成员都必须接受 B 处理，那么 $W(1, s)$ 表示此时将得到的平均结果。所以接受 B 处理的 d 比例成员的平均存活时间就等于 d 与 $W(1, s)$ 之积及 $(1-d)$ 与 $W(0, s)$ 之积的和，即：

$$W(d, s) = (1-d) \times W(0, s) + d \times W(1, s)$$

规划者要选择能让此函数达到最大值的处理分配方案，但是困难之处在于他不知道真实的自然状态为何。倘若有两个自然状态 s 和 t，在前一个状态下 A 处理的效果好于 B 处理；在后一个状态下 B 处理的效果好于 A 处理，则所有的处理分配决策都是优势方案。为了理解这一点，比较任意两个总体比例 c 和 d，若 $c>d$，则在自然状态 t 下，给比例为 c 的成员使用 B 处理的效果好于给比例为 d 的成员使用 B 处理。但是，如果在自然状态 s 下，给比例为 d 的成员使用 B 处理的效果要好得多。

5.1.2　现有处理和新处理

设定了福利函数后，我们就能研究如何选择处理。为了便于分析，我设定 A 为现有处理，B 为新处理。我们假定规划者已知道 A 处理的反应并相信该反应将保持稳定，因此他知道如果每个成员都接受 A 处理将得到的平均结果。但他不完全知道 B 处理的反应。这里我仅给出主要的分析结果，并在附录 B 中加以详述。附录 C 讲述的是在对两种处理反应都不完全了解的情况下，如何用此种方法进行分析。

用 W_0 表示成员接受现有处理所产生的已知平均结果，则在所有可能自然状态下规划者得出 $W(0, s)=W_0$。那么福利函数为：

$$W(d, s)=(1-d) \times W_0 + d \times W(1, s)$$

令 $L(1)$、$H(1)$ 代表 $W(1, s)$ 在所有可能自然状态下的最小值与最大值，若 $L(1) < W_0 < H(1)$，则规划者不知何种处理分配方式是最优的。如果让所有成员都使用新处理，所得到的福利既可能高于让所有成员都使用现有处理，也可能低于这种情况。

现在，我们来判断规划者分别使用最大预期福利、最大最小福利和最小最大后悔三个决策评估标准时会做出的处理分配，然后用两个例子予以说明。

1. 最大预期福利标准下的处理分配

用最大预期福利标准行事的规划者会用主观概率分布描述他认为可能的自然状态，用此分布预测所有成员接受新处理后产生的福利，并用其主观概率权衡自然状态。在新处理优于现有处理的状态下，如果规划者对此状态赋予的主观概率高，那么就会给所有成员都使用新处理，反之就给所有成员都使用现有处理。

2. 最大最小福利标准下的处理分配

用此标准的决策者会评估给所有成员用新处理所产生福利的最小值。假定该最小值为 $L(1)$，如果 $L(1)$ 小于 W_0，他仍然给每个人使用现有处理。最大最小福利标准尊重现有处理，除非规划者确定新处理更有效，否则仍对所有成员都使用现有处理。

3. 最小最大后悔标准下的处理分配

最大最小福利标准并没有对两种处理错误一视同仁。它既完全回避了 B 类错误（现有处理更有效却选择了新处理），又完全忽视了 A 类错误（新处理更有效却选择了现有处理）。不能平等对待上述两种错误是不符合人的天性的，故我们假设规划者同样重视这两种错误，想平衡它们的潜在影响。最小最大后悔标准将规划者的这一想法进行了公式化。

一种处理分配的后悔值就是由于选择该处理而非最优处理分配方案所造成的福利损失。规划者愿意选择后悔值为 0 的最优处理分配方案，但他不知道什么是最优处理分配方案。如前所述，用此标准选择处理分配方案会把可能造成的最大损失降到最低。

在附录 B 中，我说明了当 $L(1)<W_0<H(1)$ 时，规划者会随机把新处理用于如下比例的总体成员：

$$d = \frac{H(1)-W_0}{H(1)-L(1)}$$

可以看出，接受新处理的成员比例是由 W_0 对于 $L(1)$ 和 $H(1)$ 的变化决定的。给定 $L(1)$ 和 $H(1)$ 的值，当 W_0 从 $H(1)$ 下降到 $L(1)$ 时，上述比例从 0 增加至 1，变化明显。W_0 下降，则 A 类错误引起的最大福利损失增加，B 类错误引起的最大福利损失减少。如想抵消由此两种错误类型对福利造成的影响，就要增加 d 值。

4. 少年犯量刑

我将再次以曼斯基与尼根关于罪犯量刑的研究说明如何用上述三

种决策评估标准进行决策这一难题。假定规划者为犹他州,把已经定罪的十六岁以下男性罪犯当作待处理人群。A 为现有处理,即判处罪犯住所监禁或者与监禁无关的其他刑罚(此方法与第 2 章所用方法不同,第 2 章用的是强制不监禁)。与第 2 章相同,B 为新处理,即对所有罪犯都判处强制监禁,用判刑后两年内无犯罪人员的比例衡量每种处理的福利。

分析现有处理结果相关数据之后,曼斯基和尼根发现 $W_0 = 0.39$,如果不知道法官如何选择刑罚以及罪犯如何反应,该数据只能说明在新处理方案下,不再犯罪的人口比至少为 0.03 但不会大于 0.92。因此 $L(1) = 0.03$,$H(1) = 0.92$。

当我们在不完全了解处理效果就进行选择时,如果犹他州想使预期福利最大,且使用新处理时,状态空间所有的主观概率分布使其预期福利大于 0.39,它就全部采用新处理,对所有罪犯都判处强制监禁。如果预期福利小于 0.39,就仍采用现有处理。

如果犹他州采用最大最小福利标准,那么它就会仍采用现有处理,因为 $L(1)$ 等于 0.03,W_0 等于 0.39。如果用最大最小后悔标准,它就会给随机选择的比例为 $0.60(=(0.92-0.39)/(0.92-0.03))$ 的罪犯处以强制监禁,给剩余比例(0.4)的罪犯采用自由裁量的司法裁决(A 处理)。

5. 无风险投资与风险投资的财富配置

第二个例子是金融规划。一个熟悉的问题就是资金如何在两个投资项目中进行分配。两个项目一个是无风险的,一个是有风险的。投资人想获得投资组合的最高收益率。虽然他知道无风险投资的收益,但是他不全知道风险投资的收益。他认为该收益不是比前者高就是低。

这个问题和之前的处理选择问题类似。投资人就是规划者,资金就是要接受处理的总体。两个投资项目就是处理 A 与处理 B。投资组合就是处理分配方式。投资收益即福利。

投资者用最大预期福利标准计算了风险投资的主观预期收益,如果此项投资的收益超过已知的无风险投资收益,他就会把所有资金都投入此项目,反之则都投入无风险投资项目。

如果投资人用最大最小福利标准,就会把所有资金都用于无风险投资项目;如果用最小最大后悔标准,就会选择投资组合多元化。风险投资比例为:

$$\frac{H(1) - W_0}{H(1) - L(1)}$$

其中 W_0 表示无风险投资的已知收益率。$L(1)$ 和 $H(1)$ 表示投资者认为风险投资的可能最低和最高收益率。

5.1.3 风险厌恶型的规划

以上所述基于的前提是福利由处理产生的平均结果来衡量,平均结果每增减一单位会导致福利相同的变化。有些情况下,规划者也许认为,增加一单位平均结果所增加的福利小于减少一单位平均结果所减少的福利。这样的想法在金融规划分析中很常见。研究人员经常认为,降低百分之一的投资组合收益给投资人减少的福利,高于提高百分之一收益给投资人增加的福利。在医治未知痘病的例子中情况亦如此,把患者的存活率降低百分之一所减少的福利大于把患者存活率提高百分之一所增加的福利。

接受了这一修正后的福利函数如何影响投资选择?答案取决于决策评估标准。在预期效用理论中,想让投资组合收益最高的投资人被认为是风险中性的(risk neutral),把资金损失看得重于资金回报的投资人被认为是风险厌恶型的(risk averse)。按常理,前者会把所有资金都投入预期收益较高的投资项目;后者则会进行多元化投资。在医治未知痘病时,风险中性的规划者会让所有人都使用预期福利高的疗法。风险厌恶型的规划者会使用多元化疗法。

例子:在医治未知痘病时,假设规划者把主观概率 $p(s)$ 赋值于 A 疗法有效的自然状态,把主观概率 $p(t)$ 赋值于 B 疗法有效的自然状态,两个主观概率之和为 1。每种疗法产生的福利用患病人口存活率的对数衡量,相对于救治人数,这个福利函数更看重病患死亡人数。采用最大预期福利标准得到的疗法分配方案反映了规划者的主观概率,从此函数中可以看出,规划者会给比例为 $p(s)$ 的患者使用 A 疗法,给比例为 $p(t)$ 的患者使用 B 疗法。

"风险中性的"和"风险厌恶型的"这两个术语仅存在于效用理论中。但是,增加一单位平均结果所增加的福利少于减少一单位平均结果所减少的福利,这样的想法在更广泛的范畴上依旧是有意义的。因此,我们在此要问,风险中性和风险厌恶型的规划者或者投资人分别使用最大最小福利标准和最小最大后悔决策标准时,会如何行事。

我在我的著作(Manski, 2009)中表明,按照最小最大后悔标准选择的投资组合或者处理分配方案会有显著改变,不过仍是多元化的。相比之下,按照最大最小福利标准选择的处理分配方案没有变化。若 $L(0) < W_0$,投资人会采用最大最小福利标准把所有资金都用于无风险投资项目,规划者也会永远对每一成员都使用现有的处理。

5.2 多元化和平等对待

建议一个投资者选择多元化投资组合无可非议,类似地,建议一个企业制定生产决策时采用多元化策略也是如此。再打个比方,我们可以建议农民种植作物时采取多元化策略。在此情形下,处理方法就是可选择的作物,总体就是田地,对农民而言,作物价格和田地产量是不确定的。

但是,我发现在研讨会和演讲时提出多元化处理理念常会引发争议。常常有人在年会或演讲中评论说,如果没有相关知识证明外观分析法是正确的,所有人都应该使用同一处理。他们之所以这样说,是因为认为多元化处理违背了"平等对待"这一伦理原则。

5.1 节没有讨论这个问题。在确定规划者使用的福利函数时,我坚持公共经济学传统的结果主义假定,即政策选择只关注结果。平等对待是一种道义考量，也就是说，它认为除了结果以外，决策还有其内在价值。下面我讨论平等对待问题。

5.2.1　事前平等对待与事后平等对待

从事前角度来看，多元化处理理念符合平等对待原则，总体中的每一成员都有相同概率接受某一种处理。但是从事后角度看，多元化处理理念违背了平等对待原则，因为个人最终接受的处理是不同的。所以多元化处理理念只符合事前平等原则而不符合事后平等原则。

之前的医治未知痘病的例子很好地说明了事前平等对待与事后平等对待的不同。从事前事后两个方面看，给所有患者都使用 A 疗法是平等对待。而且预期结果一样，成员不是全体存活就是全体死亡。如果把两种疗法各给半数成员使用，就是事前平等对待，每位成员都有百分之五十的概率用到两种疗法之一。然而，这种做法会导致事后不平等，而且预期效果不一样，因为一半人会死亡，一半人会存活下来。

民主社会一般恪守事后平等对待原则。有同样收入、扣除额及免税额的美国人必须缴纳同样的联邦个人所得税。美国宪法第十四修正案中的平等保护条款要求，一个司法辖区内的所有人都应遵守相同的法律约束，但是没有要求所有人都有相同的机会接受不同的法律约束。

然而，有的重大政策虽然恪守事前平等对待原则，但却明显违背事后平等对待原则，比如美国的随机税务审计、药品检测、机场安检、随机选取陪审员等。这些政策不是为了克服促使我们使用多元化处理的不确定性而制定的。但是这些政策表明，社会有时的确愿意接受事前平等对待，即使存在着事后的不平等对待。

在此要说明的是，如果民主社会允许随机实验，那么它就更倾向于采用多元化处理方法。随机实验就是专门为了了解处理反应而进行的，将事前平等对待与事后不平等对待处理结合在一起的随机实验更具有参考价值。可是，现代医学伦理只允许在同等临床条件下采取随机实验,也就是说,由于不完全了解治疗反应,因此无法认为一种疗法的疗效好于另一种。

目前的随机实验不同于多元化处理,因为民主国家一般不强制人们参与随机实验。医学试验中的强制做法已经引起了社会的强烈关注,他们要求公开招募志愿者,并向其详细说明实验内容。

5.2.2 将结果主义与道义伦理结合在一起

假设一个社会既关注事后平等对待,又想考虑多元化处理政策,那么它该怎么办?

哲学家经常认为道义必须先于结果,这表明决策过程必须先考虑这一决策是否符合道义原则,然后才能考虑决策结果如何。如果一个人认为事后不平等对待是不可接受的,那么他根本就不会考虑多元化处理方法。

相反,经济学家几乎都认为可以权衡和取舍一个方案的利弊。由此,我建议在 5.1 节提出的福利函数中加入一个元素,表示社会对事后平等的关注(Manksi,2009)。

所以这个函数就改成:

$$W(d, s) = (1-d) \times W(0, s) + d \times W(1, s) - E(d)$$

其中 E 表示平等对待产生的社会成本。当 d 等于 0 或 1 时,$E(0)$ 与 $E(1)$ 等于 0;如果 d 不等于零 0 或 1,则 $E(d)$ 为正值。因此,当采取了多元化处理方法时,社会福利会被扣除一点。我考虑一种特殊情形:如果在所有多元化处理方法下 $E(d)$ 都为某一正的常数,在这一常数值不太大的情况下,即使关注事后平等也不会影响按照最小最大后悔标准选择的分配方案。但是,如果这一数值超过某一门槛,规划者就会对总体中所有成员都采取同一处理。

使用以上福利函数的规划者对结果主义和道义原则进行了权衡和取舍。如果决策效果足够好,他就会选择在道义原则上较弱的分配方法。

5.3 自适性的多元化

到目前为止,我考虑的都是规划者对处理分配的一次性决策。现在来考虑规划者如何依次处理一系列实验群组。序贯策划让我们可以观察前一群组产生的反应,该群组的结果有助于改善对后一群组处理方案的选择。

结果主义者认为,如果规划者处理的是连续群组且它们有相同的处理反应分布,那么多元化处理方法是很有效的。多元化处理方法产生了随机实验,随机实验得到了两种处理的结果数据。随着时间的推进,规划者可以根据收集到的数据改进后续群组的处理方案。我把这种理念称为自适性的多元化(adaptive diversification)。

5.3.1 自适性的最小最大后悔标准

自适性的最小最大后悔标准(adaptive minimax-regret,AMR)为实行自适性的多元化方法提供了便利。规划者凭借实施处理时得到的处理反应对每个群组应用这一标准选择方案。只要处理反应不足以判断哪个是最优处理,处理分配方案就都应该是多元化的。这一标准是自适性的,因为随着处理反应的积累,后续实验群组可以分配到不同的处理。最终,规划者可以得知何种处理是最好的。其后,他就会给后续所有群组使用最好的处理。

在现有知识下,自适性的最小最大后悔标准对每个群组都采取了最小最大后悔标准下尽可能好的处理。它不需要群组成员为了提供以供学习的处理反应而牺牲自己的福利,但是无论如何,使用这一标准有助于为后续群组做出更好的处理分配选择。

在集中式医疗保健体系中的应用

如果事后平等对待原则不妨碍多元化方案,那么上述评估标准就可用于由政府机构直接制定治疗方案的集中式医疗保健体系,如英国

的国民保健体系(National Health Service)和美国的军事卫生系体系
(Military Health System)。

为了说明该标准在实践中是如何应用的,假设 A 为危重病症的现
有疗法,B 为新疗法。预期结果为患者接受治疗后四年内的存活时间,
用患者的平均存活年限衡量福利大小。

表 5.1　自适性的最小最大后悔标准下的疗法选择

群组 n 或年限 k	治疗后第 k 年,群组 0 的存活比例		函数 $W(1)$ 与群组 n 的区间	自适性的最小最大后悔标准下群组 n 的疗法的分配比例	群组 n 的平均存活年限
	现有疗法	新疗法			
0			$[0, 4]$	0.325	2.83
1	0.8	0.9	$[0.9, 3.6]$	0.333	2.83
2	0.7	0.8	$[1.7, 3.3]$	0.375	2.85
3	0.6	0.7	$[2.4, 3.1]$	0.571	2.93
4	0.6	0.7	$[3.1, 3.1]$	1	3.10

表 5.1 说明了如果使用自适性的最小最大后悔标准分配疗法,接
受现有疗法的患者存活 1 到 4 年的比例分别为 0.8、0.7、0.6、0.6,意味
着平均存活年限为 2.7 年,使用新疗法的患者存活 1 到 4 年的比例分
别为 0.9、0.8、0.7、0.7,意味着平均存活年限为 3.1 年。规划者凭经验
知道,使用现有疗法患者的平均存活年限为 2.7 年,但是不知道新疗法
的疗效如何,接受新疗法的患者的平均存活年限在 0 到 4 之间。那么
使用自适性的最小最大后悔标准分配疗法要求总体中采用新疗法的比
例为 $(4-2.7)/(4-0)=0.325$。

一年后,规划者观察到接受新疗法的患者中比例为 0.9 的人仍然
存活在世。那么他可以断定使用新疗法患者的平均存活年限至少是
0.9 年,最多是 3.6 年。因此,进一步的自适性的最小最大后悔标准分
配要求采用新疗法患者的比例为 $(3.6-2.7)/(3.6-0.9)=0.333$。规划
者可以从第二年到第四年的观察结果中了解到更多的信息。更进一步
的自适性的最大最小后悔标准要求后三年采用新疗法的人口比例分别

为 0.375、0.571 和 1。

表 5.1 中展示的是在两种疗法下依照自适性的最小最大后悔标准选择的疗法分配方案，下一年的方案根据上一年的观察结果做出。具体序列由两种疗法的可预料结果得出。此表还传达了更为广泛的信息，即随着相关数据的积累，自适性的最小最大后悔标准最终会为总体选出效果最好的疗法。

5.3.2 自适性的最小最大后悔标准与随机临床试验

表 5.1 说明了医疗规划者要在完全了解效果的现有疗法和不完全了解效果的新疗法之间进行选择的诸多情况。要了解新疗法的效果，常规方法是进行随机临床试验。既然根据自适性的最小最大决策标准进行的疗法分配相当于进行了随机实验，那么当然要知道该评估标准的应用与真正的随机临床试验操作有何不同。主要不同点有好几个。继续本书第 1 章美国食品药品管理局药品许可例子的讨论，我在此重点讨论其中三个。

1. 接受新疗法的患者比例

原则上来说，自适性的最小最大决策标准可以对任意比例的患者使用新疗法，而在随机临床试验中接受新疗法的患者比例很小。为获得食品药品管理局的新药使用许可，试验总体通常只有两三千人，而需要使用此药品的病人可能有成千上万。所以接受新疗法的患者比例一般小于 0.01，时常小于 0.001。

2. 群体目标的随机性

根据自适性的最小最大后悔标准，接受新疗法的患者是随机从患者总体中抽取的；而目前的随机临床试验对象是从参与试验的志愿者中随机抽取的。故随机临床试验揭示的只是志愿参与者这一子群体的治疗反应分布，而不是患者总体的治疗反应分布情况。

3. 结果测定

在自适性的最小最大后悔标准下，规划者可以观察到实验对象逐渐呈现的健康结果，从中所得到的数据可以给后续治疗决策提供参考。

相反,为获食品药品管理局许可进行的随机临床试验周期通常只有两到三年时间。

所以,为了在短期内得到试验结果,医药研究人员会测定替代指标,而不是实际的目标效果。医药研究人员已经提醒,我们很难由替代指标外推真实效果(Fleming and Demers,1996;Psaty et al.,1999),但是实际上我们仍在使用这种做法。

5.4 跨越时空的多元化方法

本章前三节探讨的是规划者可以全权分配处理的情况,本节与下一节探讨权力受限的规划者如何分配处理。在此,我研究这样一个规划者,他不能区别对待总体中的单个成员,但是能分配或者影响按时间或空间划分的群组所接受的处理。

5.4.1 根据群组采用的多元化方法

假设一个群组的成员必须在同一个月、同一年或某个具体的时间内接受处理,而规划者无法对该群组成员使用多元化处理,原因可能是基于事后平等对待原则制定的法律规定,或者可能是实施处理的技术限制。这样的规划者也许会发现,他们可以给按时间划分的不同群组使用多元化处理。

例如根据表 5.1,医疗规划者会给第 0 年的群组中的所有成员都使用 A 疗法,给第 1 年群组中的所有成员都使用 B 疗法,给第 3 年群组中的成员都使用 A 疗法,以此类推。那么就会得出多样的长期处理分配方案。以表中定的 5 年为期,使用 B 疗法的患者比例可以为下列任一值:0、0.2、0.4、0.6、0.8 或 1。

虽然根据群组采用的多元化方法没有群组内的多元化方法灵活,但是只要处理反应不随时间变化,此方法就可以有相同效果。它能克服不确定因素,能让规划者了解处理反应。

5.4.2　民主实验室

美国宪法对联邦政府制定政策的权力进行了限制,将更多的自由裁量权留给了各州,但是联邦制没有排除类似自适性的多元化方法。

美国进步主义运动应归功于联邦制,因为它让各州可以实验新政策。一百年前,西奥多·罗斯福总统(Theodore Roosevelt,1912)就此给参议员拉·弗莱特(La Follette)写信说:

> 感谢拉·弗莱特参议员领导的民主运动,这场运动在威斯康星州取得了压倒性的胜利,威斯康星州已经成为改进法治的实验室,这保障了所有人的政治和社会利益。

二十年后,美国最高法院大法官路易斯·布莱德斯(Louis Brandeis)在审理 1932 年纽约州冰块公司诉利伯曼(New York State Ice Co.v. Liebmann,285 U.S. 311)一案时所说的话已经成了这一主题的经典名言:

> 联邦制度的一个优点在于,如果一个州的公民愿意,这个州可以作为一个不断进行新的社会或经济实验的实验室,这种实验不会给其他州的人民带来风险。

此后,州常被称为民主实验室。

西奥多·罗斯福与路易斯·布莱德斯的话清楚地表明,各个州政策的多样性有利于了解人们的政策处理反应。这与群组多元化类似,只不过此处所说的"群组"是根据空间而不是时间划分的。但要注意的是,各个州政策的多样性通常不是蓄意随机的结果,要将一个州的结果运用到另一个州,要求假设实行不同政策的州有类似的政策反应分布。这一假设的可信度会随环境改变。尽管联邦制授权各州可在特定领域内选择政策,但并不要求联邦政府放任不管。联邦政府可以激励各州颁布其渴望的政策组合,因此,联邦政府可以鼓励各州采取多元化政策,并根据积累的处理反应经验改进刺激措施。20世纪80年代后期,联邦政府在福利政策事务中发挥了积极作用,鼓励各州各自建立和评估已有的未成年儿童家庭援助计划(Program of Aid to Families with Dependent Children)(Greenberg and Wiseman,1992;Fishman and Weinberg,1992)。

5.5 自适性的局部药品审批

除了美国的军事卫生体系及其他一些服务特定人口的机构,美国分权化的医疗体系没有授予规划者直接分配治疗方案的权力。但是,我们仍可以在局部实行自适性的多元化方法。

我以药品批准规定程序为例说明如何实行这一方法。在第1章中,我观察到食品药品管理局在试图由新药品临床试验数据推断其实际效果和安全性时,经常使用传统的论证方法。而自适性的局部药品审批过程(adoptive partial drug approval)可以改进食品药品管理局的现有做法。

5.5.1 目前的药品审批程序

虽然基于1906年《纯净食品与药品法案》(Pure Food and Drug Act)成立的食品药品管理局距今已有一百多年历史了,但是现有的药品审批程序出现的时间并不长。1938年之前,该机构还不能批准未经证实的药品的销售。它只能宣布未经证实安全性与疗效的药品标签和其他广告不合法。1938年的《食品、药品和化妆品法案》(Federal Food Drugs and Cosmetic Act,FDCA)授权该机构可以禁止不安全的药品的销售,但是并不要求其评估疗效。1962年,对FDCA的修订建立了现代审批程序，要求制药企业通过随机临床试验证明其新药是安全有效的。

当前的程序是先进行实验室动物实验。如果可行的话，再进行三阶段的随机临床试验，将新药和已经批准的药品或无效对照剂（placebo）进行疗效对比。第一阶段的试验期通常为 1 年，由 20 名到 80 名志愿者参与。这一阶段旨在确定基本的药理反应及不同剂量的安全性。第二阶段的试验期为 2 年，由数百位患有特定疾病的志愿者参与，旨在获取药效与短期副作用的初步证据。第三阶段的试验期通常为 3 年，由数百名至数千名患病志愿者参与，旨在进一步了解药效与副作用。完成三阶段试验后，制药企业向食品药品管理局提交新药申请，由食品药品管理局审核后决定是否准许此药品上市。

食品药品管理局在评估新药效果时不完全了解其疗效，所以在决定是否批准新药时容易犯两类错误。一类是 B 类错误，即新药不如现有药品，但是仍然被批准了，因为根据可得的信息，似乎它的疗效更好。另一类是 A 类错误，即新药的确比现有药品的疗效好，但却没有被批准，因为根据可得的信息，它的疗效似乎不佳。食品药品管理局可以通过药品上市后的监测计划，分析新药在临床实践中的效果数据来纠正第一类错误。但是第二类错误通常是无法被纠正的，因为新药没获得批准，不会被使用，因此没有相关疗效数据可用。

关于食品药品管理局药品审批程序时间长短的讨论一直都没停止过。药厂与希望快些用到新药的患者要求缩短批准程序，医疗研究人员与注意到 FDA 是在不完全了解疗效的情况下就做出审批决策的患者，要求在更接近目标患者情况的总体中对新药进行更长时间的临床试验。专栏作家安妮·阿普尔鲍姆（Anne Applebaum，2005）把这场时起时落的争论恰当地比喻为"药品批准争论钟摆"。

要关注的焦点是批准程序时间的规定，因为一旦食品药品管理局做出决策，将会决定这一新药的命运。在这之前，只有临床试验中的很少一部分患者使用了该药品。一旦获得批准，这一药品的使用就不受限制了。如果遭到否决，就完全不能使用这一新药了。因此，审批决策时间是这一过程的焦点。

5.5.2 二选一与局部许可

食品药品管理局批准药品的决策是非此即彼的二元选择,要么是完全批准,要么是完全否决。这样的批准方式让政策选择受到限制。我们对自适性的多元化方法的讨论表明,授权食品药品管理局建立一套自适性的分批批准程序将是有益的,这一批准过程根据所积累的新药疗效证据渐进调整新药的使用范围。越能证明新药有效,允许其使用的范围就越广。

要明白为什么这个方法能够改进食品药品管理局的现有批准程序,就要考虑新药批准前后其使用情况的巨大变化。新药在得到批准前无法给患者总体使用,要使用新药只有参加临床试验。即便在临床试验中,也得是被分配到服用新药才行。从社会福利角度来看,在我们不确定现有疗法相比新疗法更好的情况下,这一不确定性会使得社会决定对所有患者仍采用现有疗法。要促成这一决策,有人可能会采用最大最小福利决策评估标准,分析使用新药可能产生的最坏情况,并基于这种最坏情况行事。或者,他可能认为社会应该多考虑 B 类错误而不是 A 类错误。然而社会为什么会如此谨慎行事,或为什么不能平等对待上述两类错误,没有固定原因。

假设社会平等对待这两类错误,希望平衡它们潜在的福利效应。最小最大后悔标准可以在此情况下得出疗法选择。使用这一方法表明把两种疗法各用于适当比例患者的多元化方案是最好的。一定比例的患者使用新药可以平衡这一新药成功的可能和失败的风险。

如果食品药品管理局有权力直接分配治疗方案,它可以使用 5.3 节描述的自适性的最小最大后悔标准。初始时在患者中如何分配现有疗法与新疗法反映了该机构对新药疗效的了解情况。随着试验证据的积累,食品药品管理局可以随时改进分配方案。食品药品管理局最终可以知道哪种疗法是最优的,这时才决定是否批准该药品。

5.5.3　自适性的局部许可

食品药品管理局无权强制实施某种处理。它只能通过批准药品的生产和销售来设定药品使用量的上限。鉴于此，我建议在药品仍在临床试验期间，授权食品药品管理局可以签发有条件限制的销售许可证，制药企业凭借这一许可能够在一个规定的时间内销售规定数量范围内的新药。

有条件销售许可的有效期由制药企业药品试验结果的报告进度决定。例如，如果制药企业每年向食品药品管理局报告一次新数据，那么可以每年对许可决策进行更新。在每次更新许可时，食品药品管理局在一个专家咨询委员会的帮助下，重新设定允许制药公司销售新药的最大数量。专家咨询委员会的任务是根据当时可得的信息，评估新药的潜在好处与风险。

如果实行这种新的做法，药品临床试验会比现在长，有时会特别长。这是为了评估实际目标总体的健康结果，因此要减少目前的药品评估对替代指标的依赖性。一旦得到实际目标总体的结果，FDA 就可决定是否批准这一新药。如果这一新药被认为是安全有效的，制药企业可以不受数量限制地销售此新药。反之，FDA 将禁止进一步使用该新药。

在目前情形下，如果有新的药品试验结果，食品药品管理局会保留其撤回已做出的许可的权利。药品上市后，继续对其进行监控，因为通过延长新药的临床试验时间来评估实际目标总体的结果，还不足以确保新疗法就一定优于现有疗法。因为在现有的临床试验方法下，延长临床试验只能揭示一直遵从治疗程序、没有半途退出的志愿者群体对药品的反应。此外，除非食品药品管理局改变双盲治疗方案分配方法，否则临床试验就不能反映真实临床条件下（医生与患者都知道所分配的疗法）的治疗反应。

上面建议的药品批准程序不能发挥自适性的多元化法的全部优势。要实现这一目标，需要把现有疗法和新疗法随机分配给全部患者。

这一新程序会得出部分患者接受新疗法可观测到的反应数据。这些数据对现有的临床试验数据将是极大的补充,但是它们不如随机在所有患者中分配治疗方案得出的数据信息有参考价值。

5.6 集体决策程序

为推动关于以不完备知识进行规划的研究,我在第 4 章开篇写道:不确定世界中的政策选择很微妙,即使社会就其意愿与信念达成了共识。我发现,一个非常团结的社会也无法做出最优政策,顶多只能做出合理政策。我们随后探讨的各种规划难题说明了这个观点。另外,我们也会讨论将规划研究用于实践的几个案例。虽然在民主国家中公共机构没有分配处理方案的绝对权力,但是它们确实有一定权力可以影响处理方案的分配。

本节不讨论单个规划者决策的理想状况,而是讨论集体决策情形。决策群体成员可能是一个民主社会的公民、一个经选举产生的立法机构,或是一个寡头政治团体。无论这一群体是什么,新的核心难题都是成员之间的政策偏好存在异质性。

同质的群体——群体成员对社会有相同的目标,对政策结果抱持相同的信念,且使用相同的决策标准以克服不确定因素——能就政策选择达成共识。此时,集体决策就相当于代表群体的某个规划者进行的决策。不过,肯尼斯·阿罗(Arrow, 1951)提出的著名的不可能定理(impossibility theorem)表明,如果决策群体成员的政策偏好是异质的且反复无常的,则不存在能够模拟单个规划者决策那样的投票机制,或者其他非独裁决策程序。

孔多塞悖论(Condorcet's Paradox):早在 18 世纪,法国社会选择理论家马奎斯·孔多塞(Marquis de Condorcet)就利用多数投票原则说明了集体决策中的潜在不一致性。假设有三项备选政策,分别标记为 C、D、E,决策群体有三位成员,每个成员对此三项政策有不同的偏好排序。假定第一位成员的偏好排序为 C>D>E,第二位成员的偏好排序为 D>E>C,第三位成员的偏好排序为 E>C>D。如果把三项政策两两对比,那么决策团体多数成员(三分之二)认为 C 好于 D,D 好于 E, E 又好于 C。这一结果被称为孔多塞悖论。此悖论表明,如果决策群体的异质性很大,那么多数票原则并不能产生一个明确的社会偏好结果。因此多数票原则不能解决社会最喜欢何种政策这一难题。

阿罗的不可能定理有时被解释为暗示了在集体决策中要达成一致是不可能的。但是,之后的社会选择理论家一直努力避开这一无政府主义结论。他们注意到,像所有推断一样,阿罗的不可能定理也基于某些假设。特别是,不可能定理讨论的是决策群体成员的政策偏好既是异质的又是反复无常的情形,而不是群体成员有某种程度的共同性的情形。通过限制异质性程度可以减弱阿罗不可能定理结论的负面性,下面我继续在处理分配案例中阐述这一观点。

5.6.1　有单峰偏好的多数投票规则

假设一个决策群体的成员人数为奇数,这一群体用多数投票规则给一个总体选择处理方案。假定群体成员为奇数可以消除得票相等的情况。集体决策制度通常假定是二选一决策,即只能从两种处理中选择一个——或者将 A 处理分配给总体中的每个人,或者将 B 处理分配给总体中的每个人。不过,立法机构与其他决策团体原则上可以选择按一定人数比例给总体分配处理方法。

假设决策群体中的每个成员都有单峰(single-peak)偏好,这就是说每位成员都有一个最为偏好的处理分配方案,然后根据其他方案与其最偏好方案的接近程度对这些进行排序。布莱克(Black,1948)的中间投票人定理(median-voter theorem)表明,根据多数投票规则得到的处理分配方案将是这样一位规划者——他最偏好的方案正好位于所有投票者最偏好方案的中间位置——选择的方案。简言之,这就是中间投票人偏好。

布莱克本人没有研究处理分配问题,他考虑的是一类抽象问题,在此类问题中,备选政策可以按照从最小到最大或从左到右进行排列。虽然处理分配属于这一类型,但是,它并不一直是社会选择理论家专有的研究对象。研究人员经常把中间投票人定理用于从最自由到最保守进行排列的政策选择中。

为了理解布莱克的结论,我们假设要求决策者对所有备选方案进行两两投票,例如,给总体中比例为 d 或 e 的成员使用 B 处理,给其余成员使用 A 处理。在每一种情况下,都通过多数票规则决定胜出的方案。例如,可以要求决策者在 d 等于 0 与 e 等于 1 之间进行表决,或者在 d 等于 0 与 e 等于 1/2 之间进行表决,或者在 d 等于 1/2 与 e 等于 3/4 之间进行表决,如此等等。如果各成员的偏好都是单峰偏好,那么中间投票人偏好的分配方案将胜出,在对所有备选方案进行两两比较时,该方案会得到最多选票。原因在于,无论备选方案为何,至少半数投票人发现,与其他备选方案相比,中间投票人偏好的分配方案都更接近他们最偏好的方案。

中间投票人定理与阿罗不可能定理不矛盾,因为单峰偏好限制了一系列可能的政策偏好。有单峰偏好的人对其最偏好的方案的选择是差异巨大的,如有的人喜欢对所有人都使用 A 处理,有的人喜欢对所有人都使用 B 处理,还有的人喜欢把两种处理各用于适当比例的成员。尽管如此,单峰性不允许存在某些政策偏好,特别是不允许存在使得多数投票规则无法得到确定政策选择排序的偏好。

单峰偏好的可信度

认为一个公民团体、立法机构或其他决策群体对处理分配都有单峰偏好,这一假设合理吗?对这一问题我虽然没有提供实证证据,但是我在本章前面的分析已经表明了我的观点。

让我们再考虑 5.1 节中讨论的处理选择问题。假设目标是几种处理方案平均结果的最大化。三种决策评估标准——最大预期福利标准、最大最小福利标准和最小最大后悔标准——都显示出了单峰偏好。给每个成员都分配某一种处理可以使得预期福利最大,随着分配方案离峰值越远,预期福利会随之减少。给每个成员都使用现有处理可使得最小福利最大，随着更多的人使用新处理，最小福利会随之减少。按一定比例分配处理可以使得最大后悔值最小，离最偏好的方案越远，后悔值越大。

另外，出于道义而偏好事后平等对待原则也暗示了偏好不是单峰的。如我在 5.2 节中讨论的那样，一个关注事后平等对待原则的规划者会给所有成员都使用同一种处理，而不会给大部分成员使用一种处理，再给其余成员使用另一种处理。这样做显然不符合单峰偏好。

暂且不考虑事后平等对待原则，我这里假设所有投票人都有单峰偏好。中间投票人原理意味着，仅当大多数投票人都倾向于对总体中所有成员都使用同一种处理，则依据多数票原则，才会采用这一处理分配方式。否则，处理分配方式将是多元化的。

举个例子，假设 45％的投票人偏好使用现有处理，40％的投票人偏好使用新处理，15％的投票人偏好按比例分配处理。这样一来，中间投票人也偏好按比例分配处理。即使只有少数投票人偏好按一定比例分配处理，多数投票规则仍将采用这一分配方法。这样的结果看似违反直觉，但是它有令人信服的解释。在本例中，投票人最偏好的政策分歧巨大。在单峰偏好情况下，按一定比例分配处理是一个折中方案，这一方案在与其他备选方案进行两两比选时，得到了最多的支持。

5.6.2 策略性互动

到目前为止，我一直假设决策者的投票选择表现了他真实的政策偏好。当决策者无法相互影响时，如在大范围选举中进行的不记名投票，这一假设是成立的。但是，当投票人有机会进行策略性互动时，如在立法机构或小范围选举中进行的公开投票，这样的假设就不成立。

在立法机构和其他相似的情况中，决策者也许认为，不按自己的政策偏好投票是个有利策略。他们也会认为表现出不可信的确定性论断对自己是有利的，其目的是影响同僚和公众的信念。为了避免冲突的论断，他们也许会去接受传统的论断，例如 CBO 的点预测法。

我能做到的也顶多是推测策略性互动如何影响立法机构的政策选择。我观察到存在的两种相反的力量。第一,策略性地表达不可信的确定性论断也许会阻碍多元化方法的使用。对政策结果表现出确定性的立法者为了保持言行一致,应该会投票支持对所有人都使用同一种处理。

考虑在现有处理与新处理中进行选择的情况,如果一个立法机构投票决定对所有人都使用现有处理,那么它就不能获得成员对新处理反应的实证证据,如果立法机构对于现有处理优于新处理的判断是正确的,则这一决策就是好的。但是,如果立法机构是基于不可信论断做出决策的,则这一决策就是坏的。错误地确信现有处理效果更好甚至会阻止社会进一步探究真相。

第二,在政策偏好差异巨大的立法机构中,策略性投票也许会促使立法机构采用按一定比例分配处理这一折中方式。在除了给所有人都使用同一处理之外别无选择的情况下,立法机构的决策要么成功,要么失败。如果拓宽政策选择,允许按一定比例分配处理,则可以部分实现立法机构的目标——半个面包总比一点没有好。这种按比例分配处理的目的不是克服不确定性,因此与多元化方法在理念上是不同的。但是无论如何,他们的结果都能达到多元化方法的效果。

5.6.3　学习与政策偏好的多元性

现在考虑多阶段分配处理问题。如单个决策者一样,使用投票制度进行决策的群体也会从处理反应实践中获取更多信息。即便如此,这也并不意味着政策偏好异质性会随时间而减弱。当政策分歧源自个人抱持的不同信念时,学习有助于形成共识。但是当政策分析源自个人不同的福利方程时,学习反而会加剧政策偏好两极化。想想两极化情形就能明白这一点。

首先假定决策群体有相同的福利函数,有相同的决策评估标准,但是对政策结果抱持不同的信念。此时,政策偏好的不同反映了他们信念的异质性。但是,通过研究处理反应可以缩小分歧,使他们最终就政策偏好达成共识。

另一种情况,假定群体成员有相同的信念和决策标准,但用不同的福利函数评估政策结果,此时,研究处理反应通常不能形成共识。实际上,当得知政策结果时,在不知情下形成的共识会转变为知情下的严重分歧。

罗尔斯(Rawls,1971)对海萨伊(Harsanyi,1953)无知之幕(veil of ignorance)的运用就是这一现象的著名例子。罗尔斯推断说,如果要求一个利己主义社会在无知之幕(他们不知道自己在收入分配中所处的位置)下共同选择一个收入分配方案,此时他们都倾向于平均分配。另一方面,如果要求他们在知道了自己在收入分配中所处位置的情形下共同选择一个收入分配方案,此时将出现严重分歧。各成员在收入分配中所处的位置决定了各自的政策偏好。具体而言,他们想与比自己富的人平均分配社会收入,又不想拿出一分一毫来给比自己穷的人。

罗尔斯推断的上述情形提醒我们,一个社会越了解政策结果,不一定会变得越团结。但是,如果就此得出结论认为知识是危险的,也是不合逻辑的。我们应该知道的是,了解政策偏好异质性的原因非常重要,当政策分歧源自不同的信念时,学习有助于形成共识,但是当政策分歧源自冲突性的目标时,学习反而会加剧分歧。

5.6.4 双方协商

在研究多数投票原则时,我假定一个决策群体的成员人数为奇数,这样避免了得票相等情况下如何选择一项政策这一难题。但是在投票人数众多的情况下,即使人数为偶数,也很少需要关注得票相等的情况,因为在大规模投票时,这种情况很少发生。但是在决策群体只有两个成员时,就必须考虑双方协商中可能出现的这一难题了。此时,表决结果不是双方达成共识,就是双方各执己见。因此,在双方协商时,多数投票规则不是一个有用的决策方法。

1. 帕累托最优配置

博弈论表明,理论上很难预测双方协商的结果,实证研究人员发现这在实践中也具有挑战性。但是,根据部分最优(partial optimality)这一概念得出的部分预测有时是可信且有参考价值的。

如果一个集体决策过程尊重共识,则这一决策过程就是帕累托最优的(Pareto optimal)[以此纪念早期意大利经济学家维尔弗雷多·帕累托(Vilfredo Pareto)]。这就是说,在整个决策群体都认为政策 C 比政策 D 好时,决策过程就选择政策 C。如果不存在能让所有成员都认可的其他政策,那么这个政策就是帕累托最优的。因此,帕累托最优政策是一种优势政策。之前在研究单个规划者(决策者)时,如果不存在其他在每一自然状态下效果都更好的政策,决策理论将现有政策称为优势政策。一个帕累托最优政策在另一种意义上也是一个优势政策,因为不存在让一个决策群体每个成员都满意的其他政策。

社会选择理论家与实证研究者有时假定,无论一个群体如何做出共同决策,它都会选择一个帕累托最优政策。原因在于,无论这个群体做什么,群体成员都不会选择一个使其福利状况变差的政策。这样的推论并非总是正确的,一个广为人知的例子就是二人博弈中的囚徒困境,在此例子中,标准博弈理论预测会出现一个非帕累托最优结果。尽管如此,理论家和实证研究者通常都认为,在双方协商中,帕累托最优原则是成立的。掌握了上述相关知识后,让我们考虑处理分配的双方协商问题,假如双方对处理分配方案的偏好都是单峰的,那么帕累托最优分配方案位于双方最为偏好的分配方案的中间区间中。例如,假设一方倾向于给 30% 的成员使用 B 处理,另一方倾向于给 40% 的人使用该处理。现在考虑 20%、35% 及 50% 这三个处理分配比例,则双方都认为 30% 优于 20%,40% 优于 50%,另一方面,除了 35% 之外,不存在让双方都满意的其他选择,因此 35% 是帕累托最优分配方案,但 20% 和 50% 不是。

2. 激励相容的程序

在曼斯基(Manski,2009)中,我提出了一个在两个决策者都有单峰偏好的情况下有助于实现帕累托最优配置的决策过程。假定要在现有处理和新处理中进行选择,这一过程先要求双方都表明各自最偏好的分配方案,然后使用两个规则中的一个选择分配方案。

　　一个规则表明了对现有处理的偏好程度，选择声称对更多人使用现有处理的分配方式；另一个规则表明了对新处理的偏好程度，选择声称对更多人使用新处理的分配方式。我认为，这两个规则是激励相容的（incentive compatible），就是说，两个规则都鼓励每个决策者只考虑自己的政策偏好，如实表明自己最偏好的分配方案，而不用考虑另一方的观点。

　　尽管以上两个规则都得到了帕累托最优和激励相容的决策程序，但是它们对经验学习的作用却有不同的含义。如果两个决策者都倾向于按比例分配处理，那么两个过程都可以得到按比例分配处理这一方案，从而使得人们能够了解新政策的效果。但是，如果某个决策者喜欢对所有人都使用现有处理，则只有后一个规则能让人们了解新处理的效果。如果使用前一个规则，就没有人被分配使用新处理，也就没有机会了解新处理的效果。

3. 纽约市评教

　　为了说明双方协商问题，让我们考虑现有评教方式与新评教方式之间的选择。两个决策者分别是学区与教师工会。现有评教方式是一个传统制度，根据对教师准备情况的检查及上课情况的观察对教师进行评价。新评教方式依据学生在标准测试中的成绩对教师进行评价，学区和教师工会之间签订的协议规定，只有双方都同意，才可以改变现有评教方式。《纽约时报》的一篇文章描述了这一评教难题（Medina, 2008）：

　　　　纽约市已经开始了一个雄心勃勃的实验，只是还没有对外公布。在实验中对大约 2 500 名教师，根据他们的学生在年度标准测试中的成绩提高程度，对其进行行业业绩评价。虽然官方宣称现在决定如何使用已经收集到的数据为时过早，但是他们说，这一数据最终可能被用于决定教师任期，或者作为评估教师表现及决定其津贴多少的重要参考。教师工会主席兰迪•韦恩加尔腾（Randi Weingarten）对该项目持严重保留意见，反对纽约市用这些数据决定教师任期、评估教师表现或者把它们公之于众。她与纽约市就这一做法是否违背现有协议存在分歧。

因此,纽约市采取单方面行动收集可能会用于评教的数据。现有评教方式的预期变化不同于本书中定义的按比例分配处理,因为参与学校不是从纽约市学校集合中随机抽取的。除此之外,纽约市计划中的分配方式也是比例性的,打算让10%的老师采用新评教方式。

纽约市的行动似乎把自己看作有单方面权力实施新评教方式的单个规划者,但是,教师工会坚持认为,对现有评教方式的任何改变都要经工会的同意。《时代周刊》记者写道,纽约市试图单方面做的决策"毫无疑问将导致其与教师工会对簿公堂"。假定只有纽约市和教师工会都同意,才可以实施新评教方式,如最初界定的那样,双方的协商仅考虑两个选择,即对所有教师都采用现有评教方式,或者对10%的教师采用新评教方式。我的分析建议,让市政府和工会分别表明其最偏好的方案(采用新评教方式的教师比例),然后选择比例较小的那个方案。纽约市仅考虑对部分教师采用新评教方式这一事实表明,它认为自己正面临不确定情况下的处理选择难题。教师工会的观点并不明显,因为它除了强调市政府不能单方面改变评教方式外,没有表明自己的偏好。

如果教师工会认定现有评教方式优于新评教方式,那么激励相容决策程序会决定顺从现有政策,工会将维持现有政策。但是,如果纽约市与教师工会都认为应该探索新评教方式,则通过协商实施自适性的多元化方案,激励相容决策程序可以帮助他们实现这一目标。

5.7　自由选择

在本章结尾,我把自由选择(laissez-faire)处理作为规划的一个备选方案。公共经济学一直认为,在成员可以自由选择自己的处理的情况下,可以比统一分配处理得到更多的福利。对自由选择方法的争论有时将结果主义福利经济学与对私人决策的道义偏好结合在了一起。我将只从结果主义角度探讨自由选择的问题。

如果个人目标与公共目标差异很大，人们不会考虑自由选择方法。例如，我们不会让罪犯自己选择该受的刑罚，不会让家庭自己选择该使用的所得税计划。但是当公共目标与个人目标非常一致时，这一方法是非常具有吸引力的。在处理反应是个体化的且社会目标是使功利主义福利最大化的情况下，对自由选择方法的分歧乍看起来非常大，此时，自由选择处理和统一分配处理的相对优点取决于个人与社会实现其共同目标的相对有效性。

对自由选择方法的一个标准的经济学论证结合了下面两个假设。第一，它假定个人比规划者更了解自身对处理的反应，所以在决策时，个人比规划者能更好地选择自己适用的处理；第二，它假定个人有理性预期。两个假设结合在一起意味着个人可以比规划者做出更好的处理选择。

但是，经济学家在做出这些假设时，并没有提供现实中的证据。个人真比规划者更了解自己的处理反应吗？例如，病人真比医生更了解自己对药品治疗的反应吗？在医学及其他领域，有理由认为个人和规划者都不具备完备了解治疗反应的内在知识。

还有一个问题，个人有理性预期吗？也就是说，个人知道与其有共同特征的人的处理反应分布吗？我在第3章强调，在个人试图了解处理反应时，他们和规划者一样，都面临着棘手的推断难题。因此，个人与规划者都是在不完备知识下选择处理的。如果个人有心理和认知障碍，他们的信念就更谈不上理性了。

我们要坚持的底线是，对于个人比规划者更了解处理反应，因而能做出更明智的选择这一说法，我们要持怀疑态度。这么说并不意味着，规划法就比自由选择法更有效。两种方法的各自优点取决于具体的选择难题。但是，在一个充满不确定的世界中，我甚至怀疑人们是否能够对规划法和自由选择法的相对优点达成共识。

社会从私人经验中学习

虽然无法得出普遍性结论，但是研究人员在研究特定类型的处理选择难题的过程中可以取得进展。为了进一步说明这一进展,我介绍一下我的理论研究,这一研究是关于一群对处理反应具有不完备知识的个人,如何在现有处理和新处理之间进行自由选择的(Manski,2004b,2005b)。

社会科学家一直想知道个人如何了解和选择新处理。通常假定最初只有现有处理可用,人们根据经验知道接受处理的成员对这一处理的反应。在某个时点,一种效果未知的新处理出现了,此后,一序列群组就从这两种处理中做选择,而且后面的群组可以观察到前面群组对处理的反应,并从中进行学习。我把这一动态过程称为从私人经验中学习(social learning from private experiences)。

我们经常推断,有时也观察到,选择新处理的决策者的比例会随着时间变化呈现 S 形增长,速度先慢后快,最终达到一个极值(例如 Grilichis,1957)。但是,这种动态变化曲线不是唯一的。选择新处理的人数比例可能一开始很高,然后随着时间变化而减少,或者不是随时间单调变化的。我的分析表明,自由选择方法下不断进行的学习能够产生非常复杂的新处理运用情况时间变化曲线。

假定在某个时间点,个人必须做出选择,并且一经决定就不可更改。因此,他们就不能在干中学(learning-by-doing),也不能等积累到足够实证证据后再做决定。这一简化的假定意味着,个人需要根据业已掌握的信息做出一次性选择。因此,动态性只出现于这一群组持续不断的学习过程中,但是群组中的个人并不面临动态性选择难题。

我假定一序列群组有相同的处理反应分布,而且他们知道这一情况。这与我在 5.3 节中讨论自适性的多元化时提出的不变性假设是相同的。它意味着实证数据随着时间不断积累,后面的群组可以根据前面群组的长期历史经验做出判断。我进一步假定,群组成员不知道自身对新处理的反应,也不知道前面群组的决策过程,他们只能观察到前面群组选择的疗法及其产生的结果。

我对学习作用的基本发现是,随着时间积累,实证数据可以缩小可能出现的自然状态的范围,即新处理结果的分布范围。因此,学习是一个可以减少后续不确定性的过程。一个值得关注的问题是如何概括终极信息状态(terminal information state)。特别是,通过学习我们最终能够完全了解新处理吗? 答案通常是否定的,也就是说,自由选择方法下的学习过程通常不能完全消除不确定性。

我对处理选择的基本发现是,社会学习能够使得后续群组减少优势方案的范围,因此可以改善他们的决策。我没有说明个人如何在优势方案中进行选择。我分析学习和处理反应的动态性时,假定他们使用几个不同的决策标准。

我发现,个人从优势方案中做出选择时采用的方式对社会学习过程有非常大的影响。如果他们态度悲观,采用最大最小福利标准进行选择,新处理的使用率会随着时间而增加,并渐渐聚合到一个稳定状态,但是此时新处理的使用率是低于最优水平的;如果他们态度乐观,选择能够使可能结果最好而不是最差的方案,新处理的使用率一开始会很高,然后迅速下降到一个稳定状态,此时新处理的使用率是高于最优水平的。

自适应的多元性与自由选择方法

在曼斯基(Manski,2004b,2005b)的研究成果中,规划法产生的功利主义福利通常比自由选择法要高。因为规划者可依据情况采取多元化的处理分配方式,随机实验最终能够全面了解人们对新处理的反应。相较而言,个人选择自己的处理时必须根据对前面群组选择结果的观察及研究做出推断。由于不知道前面群组的选择过程,他们只能部分了解其对新处理的反应。

用公共经济学语言来说,学习是一个公共产品。规划者有权通过随机实验充分学习处理反应,从而做出最优选择。个人不必考虑他们的处理选择是否对后面人的知识有帮助。因此,自由选择法创造的学习机会更少。

6 政策分析与决策

政策分析的一个重要目标是为决策提供有价值的信息。本书第一部分阐述了政策分析实践以及研究人员面临的推断难题。我认为可信的政策分析通常得出的是政策结果的区间预测,而不是点预测。第二部分探讨了一个规划者或者决策群体如何在不完备知识下合理选择政策。本章作为结尾,提出了一些能将本书前两部分联系在一起的观点。

6.1 分析与决策之间的隔离机制

现代民主社会在政策分析与政策决策之间建立了隔离机制,专业分析人士向代议制政府报告研究成果。分析和决策任务的隔离(前者旨在为后者提供信息)从劳动分工角度看是有好处的,因为没有人能精通一切事情。原则上,让研究人员向公务员和立法人员报告预测结果,可以使得后者专注于不确定世界中的政策选择工作,不必自己动手开展研究。

可是,目前的政策分析实践没有很好地服务于决策者。问题在于政策分析的消费者(决策者)不相信政策分析的生产者(研究者)。我在第 1 章就提醒说,同行评议不能确保研究的逻辑性或可靠性。为了缓解这个难题,我向那些报道政策分析的新闻记者提议,应该评估研究者是否以及如何表明对其研究结果的不确定性,也应该对提出确定性结论的研究深表怀疑。这个提醒和建议也适用于政策分析的所有读者。

我在第 2 章观察到，在缺乏信任的情况下，政策分析的决策者需要充分理解预测方法才能判断研究结果是否可信，因此，我用第 2 章和第 3 章阐述了预测结果中的推断难题，以及常用的分析方法。在当前环境下，我认为参与政策制定的公民、公务员和立法人员必须掌握我一直努力传授的政策分析基本知识。

每个关心政策制定的人都应该牢记以不可信的确定性论断进行政策分析所带来的危险。首先，如果设定了不可实现的假设，根据不可信论断作出的规划会寻求最大化的社会福利，而非实际的社会福利。其次，不可信论断阻止我们把多元化作为应对不确定性的一个手段。第三，不可信论断阻止旨在了解政策结果的新研究方法的出现。

6.2　如何做得更好

虽然我发现鼓励人们对确定性论断持怀疑态度和意识到推断难题很重要，但是我认为，做到这两点还不够。决策者仍然面临如何解释他们收到的政策研究结果这一难题。在第 1 章，我举了国会职员斯科特·利里的例子，他告诉我，必须谨慎对待所有倡导性的政策分析，只有在他意识到作者有偏见时，他才能够从其研究中有所收获。他怀疑研究结果是好事情，但是，他仍必须推断每个研究结果偏差的范围和方向。

几个熟谙 CBO 分析的经济学家告诉我，他们知道上报的数字只是预测。这当然很好，但是他们仍然不得不解释所报告的数字。他们应该把 CBO 所做的一个点预测当作未报告的可信区间预测的中间值吗？例如，他们应该把 2010 年 3 月主要的卫生保健法案通过后，所预测的削减 1 380 亿美元赤字作为幅度在 100 亿美元、1 000 亿美元或 10 000 亿美元区间预测的中间值吗？

政策研究者不应要求决策者猜测该如何解释点预测，而是应该给出可信的区间预测。我注意到有人认为这一观点是幼稚的、不切实际的,甚至还不如点预测。我在第 1 章引用了计量经济学同事杰里·霍斯曼的话,他告诉我:"你不能只给客户一个区间,客户需要的是一个点。"我介绍过 CBO 前主任道格拉斯·赫尔兹·埃金的观点,他告诉我,要是 CBO 提供的仅是区间预测,国会将非常不高兴。我经常听到政策分析人士声称,决策者要么在心理上不愿意,要么在认识上不能够应对不确定性。表达此类观点的分析人士喜欢做出确定性论断。

我不确定提供可信的区间预测的分析是否会得到比现在的预测实践(不可信的确定性论断)更好的决策。如果我这么说,别人会指责我提出了不可信的论断,而这正是我要避免的。我建议把本书中的知识用于政策分析自身。当前的点预测构成了本书所说的现有方案,可信的区间预测就是一个新方案。预期结果是决策的质量。社会并不充分了解现有预测方法和新预测方法的相对优缺点,为了克服不确定性和了解哪种类型的政策分析方法最适用,社会可以在不同环境中使用不同的分析方法,并采取自适性的多元化策略。

附录 A　运用不同决策标准医治未知痘病得到的结果

本书 4.3 节描述了将不同决策评估标准用于医治未知痘病时的政策选择,假设有两种自然状态 s 和 t,在状态 s 下仅有 A 疗法有效,在状态 t 下仅有 B 疗法有效。在此情形下,本附录将给出使用不同决策标准会得到的结果。

最大预期福利标准:规划者把主观概率置于上述两种子状态下,根据每种分配方法产生的福利对其进行评估。假设他把主观概率 p 赋值于状态 t,把主观概率 $1-p$ 赋值于状态 s。如果给患者总体中比例为 d 的患者使用 B 疗法,给比例为 $1-d$ 的患者使用 A 疗法,则这种分配方法所产生的预期福利就为 $p \times d + (1-p) \times (1-d)$。如果主观概率 p 大于二分之一,则分配 B 疗法给所有患者产生的预期福利最大。如果 p 小于二分之一,则分配 A 疗法给所有患者产生的预期福利最大。倘若 p 等于二分之一,则使用两种疗法产生的预期福利相同。

最大最小福利标准:规划者通过评估疗法分配方案产生的最小福利决定分配方案。如果用该标准评估分配方案,给患者总体中比例为 d 的患者使用 B 疗法,给比例为 $1-d$ 的患者使用 A 疗法,所产生的福利分别是 d 或者 $1-d$。因此,最小福利就是 d 和 $1-d$ 中的最小值。要使最小福利最大化,d 的值要等于二分之一。所以使用此决策标准的规划者会把两种疗法各给半数患者使用。

最小最大后悔标准:在前文所述两种自然状态下,为了保证患者能够存活下来,决策者可以给患者使用其认为相对有效的疗法。这么一来备选分配方案造成的损失等于 1 减去使用此种方案的患者存活率。

也就是说,给患者总体中比例为 d 的患者使用 B 疗法,给比例为 $1-d$ 的患者使用 A 疗法,就相当于把使用 A 疗法的患者置于自然状态 s 下,把使用 B 疗法的患者置于自然状态 t 下。那么,这一分配方案造成的最大损失就是 d 和 $1-d$ 中的最大值。要让最大损失最小化,d 的值要为二分之一。所以使用此决策标准的规划者会把两种疗法各给半数患者使用。

附录 B　用最小最大后悔标准分配现有疗法与新疗法

如果 A 为现有疗法，B 为新疗法，5.1 节给出了最小最大后悔标准下的分配公式，我在此证明我的结论。

假定一种疗法分配方案对 d 比例的患者使用 B 疗法，对 $1-d$ 比例的患者使用 A 疗法。为了决定该分配方法的最大后悔值，我把状态空间分成两个区域：一个区域表示 B 疗法优于 A 疗法的自然状态，一个区域表示 A 疗法优于 B 疗法的自然状态。

在第一个自然状态区域内，不会发生 B 类错误，但是倘若给一个患者使用了 A 疗法，就发生了 A 类错误。在 B 疗法优于 A 疗法的自然状态 s 中，d 方案的后悔值就是如果对所有患者都使用新疗法所产生的福利，减去仅给 d 比例的患者使用新疗法所产生的福利，那么，在第一个区域内的后悔值就是：

$$W(1, s) - [(1-d) \times W_0 + d \times W(1, s)]$$
$$= (1-d) \times [W(1, s) - W_0]$$

如果福利函数 $W(1, s)$ 的值等于其上限值 $H(1)$，则在第一个区域内将出现 d 方案的最大后悔值，即 $(1-d) \times [H(1) - W_0]$，也就是说，最大后悔值是接受 A 疗法的总体比例 $(1-d)$ 与这一疗法分配方式所导致的最大福利损失 $[H(1) - W_0]$ 的乘积。

在第二个区域内，不会发生 A 类错误，但是如果给一位患者受用了新疗法，就会发生 B 类错误。在 A 疗法优于 B 疗法的自然状态 s 中，d 分配方案的后悔值就是如果对每个人都使用现有疗法所产生的

福利 W_0,减去 d 分配方案所产生的福利,那么,这个区域的后悔值就是:

$$W_0 - [(1-d) \times W_0 + d \times W(1, s)] = d \times [W_0 - W(1, s)]$$

如果福利函数 $W(1, s)$ 的值等于其下限值 $L(1)$,则在此区域中将出现 d 方案的最大后悔值,即 $d \times [W_0 - L(1)]$,也就是说,最大后悔值是接受 B 疗法的人口比例(d)与这一疗法分配方式所导致的最大福利损失 $[W_0 - L(1)]$ 的乘积。

综合上述两个结果表明,d 方案的总体最大后悔值就是 $(1-d) \times [H(1) - W_0]$ 与 $d \times [W_0 - L(1)]$ 之和的最大值。现在考虑 d 取何值才能使得上述二式之和的最大值最小,前者与 d 正相关,后者与 d 负相关,因此 d 使得二者相等时,将出现最小值。因此,最大最小后悔标准下的分配方式就是方程 $(1-d) \times [H(1) - W_0] = d \times [W_0 - L(1)]$ 的解:

$$d = \frac{H(1) - W_0}{H(1) - L(1)}$$

这一分配方式平衡了 A 类错误和 B 类错误所造成的最大福利损失。

附录 C　对两种处理反应都不完全了解时的处理选择

尽管我在本章使用了"现有的"和"新的"这样惹眼的词语区分 A 处理与 B 处理,但它们形式上的不同之处却不在于新与旧,而在于规划者对二者反应的了解程度。规划者了解对每个人都使用 A 处理所产生的福利,而不知道每个人都接受 B 处理所产生的福利。现在假定规划者对两种处理的反应都不完全了解,虽然分析不像之前那么简单了,但是我们仍可以证明重要的研究成果,我将对此进行简单介绍(Manski,2009)。

1. 最大预期福利标准下的处理选择

风险中性的规划者会给每个成员都采用使得预期平均福利更高的处理。风险厌恶型的规划者会给每个人采用同一种处理,或者采取多元化分配方式。具体结果取决于规划者的主观概率分布以及所采用的福利函数。

2. 最大最小福利标准下的处理选择

此标准下的处理分配取决于状态空间的结构。在考虑如何分配现有处理和新处理时,我们发现,最大最小福利标准给所有成员都采用的是现有处理。在考虑医治未知痘病的例子中,我们发现在只有 s 和 t 两种自然状态时,这一标准把 A 和 B 两种疗法分别给半数患者使用。但是,如果加入了使得 A 与 B 都无效的自然状态 u,则所有分配方式都可以使得最小福利最大化。这些发现表明,在某些状态空间下,最大最小福利标准可以得出多元化配置方案。

前面我曾用 $L(1)$ 和 $H(1)$ 分别表示福利函数 $W(1, s)$ 在所有可能自然状态下的最小值与最大值。类似地,这里用 $L(0)$ 和 $H(0)$ 分别表示福利函数 $W(0, s)$ 在所有可能自然状态下的最小值与最大值。很容易证明,如果存在一种使得 A 处理和 B 处理所产生的福利都达到了其下限值的自然状态,那么最大最小福利标准不会采用多元化分配方式。也就是说,假定存在一种自然状态 s,使 $W(0, s) = L(0)$ 和 $W(1, s) = L(1)$,那么 d 方案的最小福利为 $(1-d) \times L(0) + d \times L(1)$。 因此,如果 $L(0)$ 大于 $L(1)$,则满足最大最小福利标准的 d 值为 0;如果 $L(0)$ 小于 $L(1)$,则满足最大最小福利标准的 d 值为 1。如果 $L(0) = L(1)$,则所有分配方案都可以满足最大最小福利标准。

3. 最小最大后悔标准下的处理选择

曼斯基(Manski, 2007a, Ch.11, 2009)的分析表明,如果规划者不完全了解 A 与 B 两种处理的效果,那么根据最小最大后悔标准会做出多元化的处理分配方案。使用分配公式太抽象了,这里就不再给出了,但是在某类难题中它还是很简单的。简述如下:

假定存在这样一种自然状态,此状态下给每个人都使用 A 处理产生的福利达到了福利上限,给所有人都使用 B 处理产生的福利达到了福利下限。也就是说,存在一个自然状态 s,使得 $W(0, s) = H(0)$,$W(1, s) = L(1)$。 类似地,假定存在一个自然状态 t,使得 $W(0, t) = L(0)$,$W(1, t) = H(1)$。 当 $H(1)$ 大于 $L(0)$ 且 $H(0)$ 大于 $L(1)$ 时,规划者不知道哪个分配方案是最好的,最小最大后悔标准下的分配方案是:

$$d = \frac{H(1) - L(0)}{[H(1) - L(0)] + [H(0) - L(1)]}$$

当 $L(0) = H(0)$ 时,以上公式就变形为我们分析现有处理和新处理分配方案时推导出的那个公式。

医治未知痘病的例子很好地说明了在对两种疗法的反应都不完全了解的情形下的决策难题,存在一个自然状态 s,使得 $W(0, s) = H(0) = 1$ 且 $W(1, s) = L(1) = 0$。 还存在一个自然状态 t,使得 $W(0, t) = L(0) = 0$,且 $W(1, t) = H(1) = 1$,则满足最小最大后悔标准的分配方案是 $d = (1-0)/[(1-0) + (1-0)] = 1/2$。

参考文献

Angrist, J. 1990. "Lifetime Earnings and the Vietnam Era Draft Lottery: Evidence from Social Security Administrative Records." *American Economic Review* 80:313–336.

Angrist, J., G. Imbens, and D. Rubin. 1996. "Identification of Causal Effects Using Instrumental Variables." *Journal of the American Statistical Association* 91:444–455.

Angrist, J., and A. Krueger. 1991. "Does Compulsory School Attendance Affect Schooling and Earnings." *Quarterly Journal of Economics* 106:979–1014.

Applebaum, A. 2005. "The Drug Approval Pendulum." *Washington Post*, April 13, p. A17.

Arrow, K. 1951. *Social Choice and Individual Values*. New York: Wiley.

Auerbach, A. 1996. "Dynamic Revenue Estimation." *Journal of Economic Perspectives* 10:141–157.

Ball F., and O. Lyne. 2002. "Optimal Vaccination Policies for Stochastic Epidemics among a Population of Households." *Mathematical Biosciences* 177&178:333–354.

Bassi, L., and O. Ashenfelter. 1986. "The Effect of Direct Job Creation and Training Programs on Low-Skilled Workers." In *Fighting Poverty: What Works and What Doesn't*, ed. S. Danziger and D. Weinberg. Cambridge, MA: Harvard University Press.

Becker, G. 1968. "Crime and Punishment: An Economic Approach." *Journal of Political Economy* 76:169–217.

Berger J. 1985. *Statistical Decision Theory and Bayesian Analysis*. New York: Springer-Verlag.

Binmore K. 2009. *Rational Decisions*. Princeton, NJ: Princeton University Press.

Black, D. 1948. "On the Rationale of Group Decision-Making." *Journal of Political Economy* 56:23–34.

Blackmore, J., and J. Welsh. 1983. "Selective Incapacitation: Sentencing According to Risk." *Crime and Deliquency* 29:504–528.

Bloom, H. 1984. "Accounting for No-Shows in Experimental Evaluation Designs." *Evaluation Review* 8:225–246.

Blumstein, A., J. Cohen, and D. Nagin, eds. 1978. *Deterrence and Incapacitation: Estimating the Effects of Criminal Sanctions on Crime Rates.* Washington, DC: National Academy Press.

Blumstein, A., J. Cohen, J. Roth, and C. Visher, eds. 1986. *Criminal Careers and Career Criminals.* Washington, DC: National Academy Press.

Blundell, R., and T. MaCurdy. 1999. "Labor Supply: A Review of Alternative Approaches." In *Handbook of Labor Economics,* vol. 3, ed. O. Ashenfelter and D. Card, 1559–1695. Amsterdam: Elsevier.

Bork R. (solicitor general) et al. 1974. *Fowler v. North Carolina.* U.S. Supreme Court case no. 73-7031. Brief for U.S. as amicus curiae, 32–39.

Brito D., E. Sheshinski, and M. Intriligator. 1991. "Externalities and Compulsory Vaccinations." *Journal of Public Economics* 45:69–90.

Britton, E., P. Fisher, and J. Whitley. 1998. "The *Inflation Report* Projections: Understanding the Fan Chart." *Bank of England Quarterly Bulletin,* February, 30–37.

Burtless, G., and J. Hausman. 1978. "The Effect of Taxation on Labor Supply: Evaluating the Gary Negative Income Tax Experiment." *Journal of Political Economy* 86:1103–1130.

Campbell, D. 1984. "Can We Be Scientific in Applied Social Science?" *Evaluation Studies Review Annual* 9:26–48.

Campbell, D., and J. Stanley. 1963. *Experimental and Quasi-Experimental Designs for Research.* Chicago: Rand McNally.

Card, D., and A. Krueger. 1994. "Minimum Wages and Employment: A Case Study of the Fast-Food Industry in New Jersey and Pennsylvania." *American Economic Review* 84:772–793.

———. 1995. *Myth and Measurement: The New Economics of the Minimum Wage.* Princeton, NJ: Princeton University Press.

Caspi, A., et al. 2003. "Influence of Life Stress on Depression: Moderation by a Polymorphism in the 5-HTT Gene." *Science* 301:386–389.

Chaiken, J., and M. Chaiken. 1982. *Varieties of Criminal Behavior.* Report R-2814-NIJ, Santa Monica, CA: RAND Corp.

Chetty, R., J. Friedman, N. Hilger, E. Saez, D. Whitmore Schanzenbach, and D. Yagan. 2011. "How Does Your Kindergarten Classroom Affect Your Earnings? Evidence from Project Star." *Quarterly Journal of Economics* 126:1593–1660.

Committee on the Budget, U.S. House of Representatives. 2008. *Compilation of Laws and Rules Relating to the Congressional Budget Process.* Serial No. CP-3. Washington, DC: Government Printing Office.

Committee on Deterrence and the Death Penalty, National Research Council. 2012. *Deterrence and the Death Penalty.* Washington, DC: National Academies Press.

Congressional Budget Office. 1996. "Labor Supply and Taxes." Memorandum. http://www.cbo.gov/ftpdocs/33xx/doc3372/labormkts.pdf.

Congressional Budget Office. 2007. "The Effect of Tax Changes on Labor Supply in CBO's Microsimulation Tax Model." Background paper. http://www.cbo.gov/ftpdocs/79xx/doc7996/04-12-LaborSupply.pdf.

Coyle, S., R. Boruch, and C. Turner, eds. 1991. *Evaluating AIDS Prevention Programs.* Washington, DC: National Academy Press.

Crane, B, A. Rivolo, and G. Comfort. 1997. *An Empirical Examination of Counterdrug Interdiction Program Effectiveness.* IDA paper P-3219. Alexandria, VA: Institute for Defense Analyses.

Delavande, A. 2008. "Pill, Patch, or Shot? Subjective Expectations and Birth Control Choice." *International Economic Review* 49:999–1042.

Delavande, A., X. Giné, and D. McKenzie. 2011. "Measuring Subjective Expectations in Developing Countries: A Critical Review and New Evidence." *Journal of Development Economics* 94:151–163.

Department for Business, Innovation and Skills. 2011. *Impact Assessment Toolkit.* http://www.bis.gov.uk/assets/biscore/better-regulation/docs/i/11 -1112-impact-assessment-toolkit.pdf

Dominitz, J. 2003. "How Do the Laws of Probability Constrain Legislative and Judicial Efforts to Stop Racial Profiling?" *American Law and Economics Review* 5:412–432.

Dubin, J., and D. Rivers. 1993. "Experimental Estimates of the Impact of Wage Subsidies." *Journal of Econometrics* 56:219–242.

Ehrlich, I. 1975. "The Deterrent Effect of Capital Punishment: A Question of Life and Death." *American Economic Review* 65:397–417.

Ellsberg, D. 1961. "Risk, Ambiguity, and the Savage Axioms." *Quarterly Journal of Economics* 75:643–669.

Elmendorf, D. 2010a. Letter to Honorable Nancy Pelosi, Speaker, U.S. House of Representatives. Congressional Budget Office, March 18. http://www .cbo.gov/ftpdocs/113xx/doc11355/hr4872.pdf.

———. 2010b. Letter to Honorable Paul Ryan, U.S. House of Representatives. Congressional Budget Office, March 19. http://www.cbo.gov/ftpdocs /113xx/doc11376/RyanLtrhr4872.pdf.

Encyclopaedia Britannica Online. 2010. http://www.britannica.com/EBchecked /topic/424706/Ockhams-razor.

Fisher, L., and L. Moyé. 1999. "Carvedilol and the Food and Drug Administration Approval Process: An Introduction." *Controlled Clinical Trials* 20:1–15.

Fisher, R. 1935. *The Design of Experiments.* London: Oliver and Boyd.

Fishman, M., and D. Weinberg. 1992. "The Role of Evaluation in State Welfare Reform Waiver Demonstrations." In *Evaluating Welfare and Training Programs*, ed. C. Manski and I. Garfinkel, 115–142. Cambridge, MA: Harvard University Press.

Fleming, T., and D. Demets. 1996. "Surrogate End Points in Clinical Trials: Are We Being Misled?" *Annals of Internal Medicine* 125:605–613.

Foster, R. 2010. *Estimated Financial Effects of the "Patient Protection and Affordable Care Act," as Amended*. Office of the Actuary, Centers for Medicare and Medicaid Services, U.S. Department of Health and Human Services. April 22. https://www.cms.gov/ActuarialStudies/Downloads/PPACA_2010-04-22.pdf

Friedman, M. 1953. *Essays in Positive Economics*. Chicago: University of Chicago Press.

———. 1955. "The Role of Government in Education." In *Economics and the Public Interest*, ed. R. Solo. New Brunswick, NJ: Rutgers University Press.

———. 1962. *Capitalism and Freedom*. Chicago: University of Chicago Press.

Friedman, M., and L. Savage. 1948. "The Utility Analysis of Choices Involving Risk." *Journal of Political Economy* 56:279–304.

Galbraith, J. K. 1958. *The Affluent Society*. New York: Mentor Books.

Goldberger, A. 1979. "Heritability," *Economica* 46:327–347.

Goldberger, A., and C. Manski. 1995. "Review Article: *The Bell Curve* by Herrnstein and Murray." *Journal of Economic Literature* 33:762–776.

Greenberg, D., and M. Wiseman. 1992. "What Did the OBRA Demonstrations Do?" In *Evaluating Welfare and Training Programs*, ed. C. Manski and I. Garfinkel, 25–75. Cambridge, MA: Harvard University Press.

Greenwood, P., and A. Abrahamse. 1982. *Selective Incapacitation*. Report R-2815-NIJ. Santa Monica, CA: RAND Corp.

Griliches, Z. 1957. "Hybrid Corn: An Exploration in the Economics of Technological Change." *Econometrica* 25:501–522.

Gueron, J., and E. Pauly. 1991. *From Welfare to Work*. New York: Russell Sage Foundation.

Halloran, M., I. Longini, and C. Stuchiner. 2009. *Design and Analysis of Vaccine Studies*. New York: Springer.

Harsanyi, J. 1953. "Cardinal Utility in Welfare Economics and in the Theory of Risk-Taking." *Journal of Political Economy* 61:434–435.

Hausman, J., and D. Wise, eds. 1985. *Social Experimentation*. Chicago: University of Chicago Press.

Heckman, J. 1976. "The Common Structure of Statistical Models of Truncation, Sample Selection, and Limited Dependent Variables and a Simple Estimator for Such Models." *Annals of Economic and Social Measurement* 5:479–492.

————. 1979. "Sample Selection Bias as a Specification Error." *Econometrica* 47:153–161.

Heckman, J., and C. Taber. 2008. "Roy Model." *The New Palgrave Dictionary of Economics.* 2nd ed. Ed. S. Durlauf and L. Blume. London: Palgrave Macmillan.

Herrnstein, R., and C. Murray. 1994. *The Bell Curve: Intelligence and Class Structure in American Life.* New York: Free Press.

Herszenhorn, D. 2010. "Fine-Tuning Led to Health Bill's $940 Billion Price Tag." *New York Times,* March 18.

Hill, A., and I. Longini. 2003. "The Critical Vaccination Fraction for Heterogeneous Epidemic Models." *Mathematical Biosciences* 181:85–106.

Holtz-Eakin, D. 2010. "The Real Arithmetic of Health Care Reform." *New York Times,* March 21.

Hotz, J. 1992. "Designing an Evaluation of the Job Training Partnership Act." In *Evaluating Welfare and Training Programs,* ed. C. Manski and I. Garfinkel. Cambridge, MA: Harvard University Press.

Hurd, M. 2009. "Subjective Probabilities in Household Surveys." *Annual Review of Economics* 1:543–564.

Imbens, G., and J. Angrist. 1994. "Identification and Estimation of Local Average Treatment Effects." *Econometrica* 62:467–476.

Kahneman, D., and A. Tversky. 1979. "Prospect Theory: An Analysis of Decision under Risk." *Econometrica* 47:263–291.

Keane, M. 2011. "Labor Supply and Taxes: A Survey." *Journal of Economic Literature* 49:961–1075.

Kempthorne, O. 1978. "Logical, Epistemological, and Statistical Aspects of Nature-Nurture Data Interpretation." *Biometrics* 34:1–23.

Kennan, J. 1995. "The Elusive Effects of Minimum Wages." *Journal of Economic Literature* 33:1949–1965.

Keynes J. 1921. *A Treatise on Probability.* London: Macmillan.

Killingsworth, M., and J. Heckman. 1986. "Female Labor Supply: A Survey." In *Handbook of Labor Economics,* vol. 1, ed. O. Ashenfelter and R. Layard, 103–204. Amsterdam: North-Holland.

Knight F. 1921. *Risk, Uncertainty, and Profit.* Boston: Houghton Mifflin.

Knowles, J., N. Persico, and P. Todd. 2001. "Racial Bias in Motor Vehicle Searches: Theory and Evidence." *Journal of Political Economy* 109:203–229.

Krugman, P. 2007. "Who Was Milton Friedman?" *New York Review of Books,* February 15.

Kühberger, A. 2002. "The Rationality of Risky Decisions." *Theory and Psychology* 12:427–452.

LaLonde, R. 1986. "Evaluating the Econometric Evaluations of Training Programs with Experimental Data." *American Economic Review* 76:604–620.

Lopes, L. 1991. "The Rhetoric of Irrationality." *Theory and Psychology* 1:65–82.

Luce, R., and P. Suppes. 1965. "Preference, Utility, and Subjective Probability." In *Handbook of Mathematical Psychology*, vol. 3, ed. R. Luce, R. Bush, and E. Galanter. New York: Wiley.

Maddala, G. S. 1983. *Limited-Dependent and Qualitative Variables in Econometrics*. Cambridge: Cambridge University Press.

Manski C. 1990. "Nonparametric Bounds on Treatment Effects." *American Economic Review Papers and Proceedings* 80:319–323.

———. 1992. "School *Choice* (Vouchers) and Social Mobility." *Economics of Education Review* 11:351–369.

———. 1993. "Adolescent Econometricians: How Do Youth Infer the Returns to Schooling?" In *Studies of Supply and Demand in Higher Education*, ed. C. Clotfelter and M. Rothschild, 43–57. Chicago: University of Chicago Press.

———. 1995. *Identification Problems in the Social Sciences*. Cambridge, MA: Harvard University Press.

———. 1997a. "The Mixing Problem in Programme Evaluation." *Review of Economic Studies* 64:537–553.

———. 1997b. "Monotone Treatment Response." *Econometrica* 65:1311–1334.

———. 2003. *Partial Identification of Probability Distributions*. New York: Springer-Verlag.

———. 2004a. "Measuring Expectations." *Econometrica* 72:1329–1376.

———. 2004b. "Social Learning from Private Experiences: The Dynamics of the Selection Problem." *Review of Economic Studies* 71:443–458.

———. 2005a. *Social Choice with Partial Knowledge of Treatment Response*. Princeton, NJ: Princeton University Press.

———. 2005b. "Social Learning and the Adoption of Innovations." In *The Economy as an Evolving Complex System III*, ed. L. Blume and S. Durlauf. Oxford: Oxford University Press.

———. 2006. "Search Profiling with Partial Knowledge of Deterrence." *Economic Journal* 116:F385–F401.

———. 2007a. *Identification for Prediction and Decision*. Cambridge, MA: Harvard University Press.

———. 2007b. "Partial Identification of Counterfactual Choice Probabilities." *International Economic Review* 48:1393–1410.

———. 2009. "Diversified Treatment under Ambiguity." *International Economic Review* 50:1013–1041.

———. 2010. "Vaccination with Partial Knowledge of External Effectiveness." *Proceedings of the National Academy of Sciences* 107:3953–3960.

———. 2011a. "Choosing Treatment Policies under Ambiguity." *Annual Review of Economics* 3:25–49.

———. 2011b. "Policy Analysis with Incredible Certitude." *Economic Journal* 121:F261–F289.

———. 2011c. "Genes, Eyeglasses, and Social Policy." *Journal of Economic Perspectives* 25:83–94.

———. 2011d. "Actualist Rationality." *Theory and Decision* 71:195–210.

———. 2012. "Identification of Preferences and Evaluation of Income Tax Policy." National Bureau of Economic Research Working Paper w17755.

Manski, C., and I. Garfinkel, eds. 1992. *Evaluating Welfare and Training Programs.* Cambridge, MA: Harvard University Press.

Manski, C., and D. Nagin. 1998. "Bounding Disagreements about Treatment Effects: A Case Study of Sentencing and Recidivism." *Sociological Methodology* 28:99–137.

Manski, C., and J. Pepper. 2012. "Deterrence and the Death Penalty: Partial Identification Analysis Using Repeated Cross Sections." *Journal of Quantitative Criminology,* forthcoming.

Manski, C., and D. Wise. 1983. *College Choice in America.* Cambridge, MA: Harvard University Press.

McFadden, D. 1974. "Conditional Logit Analysis of Qualitative Choice Behavior." In *Frontiers in Econometrics,* ed. P. Zarembka. New York: Academic Press.

Medina, J. 2008. "New York Measuring Teachers by Test Score." *New York Times,* January 21.

Meghir, C., and D. Phillips. 2010. "Labour Supply and Taxes." In *Dimensions of Tax Design: The Mirrlees Review,* ed. T. Besley, R. Blundell, M. Gammie, and J. Poterba, 202–274. Oxford: Oxford University Press.

Mirrlees J. 1971. "An Exploration in the Theory of Optimal Income Taxation." *Review of Economic Studies* 38:175–208.

National Research Council. 1999. *Assessment of Two Cost-Effectiveness Studies on Cocaine Control Policy.* Committee on Data and Research for Policy on Illegal Drugs. Ed. C. F. Manski, J. V. Pepper, and Y. Thomas. Committee on Law and Justice and Committee on National Statistics, Commission on Behavioral and Social Sciences and Education. Washington, DC: National Academy Press.

———. 2001. *Informing America's Policy on Illegal Drugs: What We Don't Know Keeps Hurting Us.* Committee on Data and Research for Policy on Illegal Drugs. Ed. C. F. Manski, J. V. Pepper, and C. V. Petrie. Committee on Law and Justice and Committee on National Statistics, Commission on Behavioral and Social Sciences and Education. Washington, DC: National Academy Press.

Page, R. 2005. "CBO's Analysis of the Macroeconomic Effects of the President's Budget." *American Economic Review Papers and Proceedings* 95:437–440.

Patel R., I. Longini, and E. Halloran. 2005. "Finding Optimal Vaccination Strategies for Pandemic Influenza Using Genetic Algorithms." *Journal of Theoretical Biology* 234:201–212.

Pencavel, J. 1986. "Labor Supply of Men: A Survey." In *Handbook of Labor Economics*, vol. 1, ed. O. Ashenfelter and R. Layard, 3–102. Amsterdam: North-Holland.

Persico, N. 2002. "Racial Profiling, Fairness, and the Effectiveness of Policing." *American Economic Review* 92:1472–1497.

Psaty, B. et al. 1999. "Surrogate End Points, Health Outcomes, and the Drug-Approval Process for the Treatment of Risk Factors for Cardiovascular Disease." *Journal of the American Medical Association* 282:786–790.

Rawls, J. 1971. *A Theory of Justice*. Cambridge, MA: Belknap Press of Harvard University Press.

Robbins, L. 1930. "On the Elasticity of Demand for Income in Terms of Effort." *Economica* 29:123–129.

Roosevelt, T. 1912. Introduction to C. McCarthy, *The Wisconsin Idea*. New York: McMillan.

Rosenbaum, P. 1999. "Choice as an Alternative to Control in Observational Studies." *Statistical Science* 14:259–304.

Roy, A. 1951. "Some Thoughts on the Distribution of Earnings." *Oxford Economic Papers* 3:135–146.

Rumsfeld, D. 2001. "Rumsfeld's Rules." *Wall Street Journal*, January 29.

———. 2002. Statement made in a radio interview for Infinity Broadcasting, quoted by CNN on November 15. http://archives.cnn.com/2002/US/11/15/rumsfeld.iraq/index.html.

Rydell, C., and S. Everingham. 1994. *Controlling Cocaine*. Report prepared for the Office of National Drug Control Policy and the U.S. Army. Santa Monica, CA: RAND Corp.

Saez, E., J. Slemrod, and S. Giertz. 2012. "The Elasticity of Taxable Income with Respect to Marginal Tax Rates: A Critical Review." *Journal of Economic Literature*, 50: 3–50.

Samuelson, P. 1938. "A Note on the Pure Theory of Consumer Behavior." *Economica* 5:61–71.

———. 1948. "Consumption Theory in Terms of Revealed Preferences." *Economica* 15:243–253.

Savage L. 1951. "The Theory of Statistical Decision." *Journal of the American Statistical Association* 46:55–67.

———. 1954. *The Foundations of Statistics*. New York: Wiley.

Shanteau, J. 1989. "Cognitive Heuristics and Biases in Behavioral Auditing: Review, Comments, and Observations." *Accounting, Organizations and Society* 14:165–177.

Simon, H. 1955. "A Behavioral Model of Rational Choice." *Quarterly Journal of Economics* 69:99–118.

Smith, D., and R. Paternoster. 1990. "Formal Processing and Future Delinquency: Deviance Amplification as Selection Artifact." *Law and Society Review* 24:1109–1131.

Stanovich, K., and R. West. 2000. "Individual Differences in Reasoning: Implications for the Rationality Debate?" *Behavioral and Brain Sciences* 23:645–726.

Stern, N. 1986. "On the Specification of Labour Supply Functions." In *Unemployment, Search and Labour Supply,* ed. R. Blundell and I. Walker, 143–189. Cambridge: Cambridge University Press.

Subcommittee on National Security, International Affairs, and Criminal Justice. 1996. *Hearing before the Committee on Governmental Reform and Oversight.* U.S. House of Representatives. Washington, DC: Government Printing Office.

———. 1998. *Hearing before the Committee on Governmental Reform and Oversight.* U.S. House of Representatives. Washington, DC: Government Printing Office.

Swinburne, R. 1997. *Simplicity as Evidence for Truth.* Milwaukee: Marquette University Press.

Thistlethwaite, D., and D. Campbell. 1960. "Regression-Discontinuity Analysis: An Alternative to the Ex-Post Facto Experiment." *Journal of Educational Psychology* 51:309–317.

Thurstone, L. 1927. "A Law of Comparative Judgment." *Psychological Review* 34:273–286.

Tversky, A., and D. Kahneman. 1974. "Judgment under Uncertainty: Heuristics and Biases." *Science* 185:1124–1131.

———. 1981. "The Framing of Decisions and the Psychology of Choice." *Science* 211:453–458.

———. 1986. "Rational Choice and the Framing of Decisions." *Journal of Business* 59:S251–S278.

U.S. Department of Defense. 2002. News transcript, February 12. http://www .defense.gov/transcripts/transcript.aspx?transcriptid=2636.

U.S. General Accounting Office. 1992. *Unemployed Parents.* GAO/PEMD-92-19BR, Gaithersburg, MD: U.S. General Accounting Office.

Wald A. 1950. *Statistical Decision Functions.* New York: Wiley.

Wikipedia. 2010. http://en.wikipedia.org/wiki/Conventional_wisdom (accessed May 8, 2010).

Woodbury, S., and R. Spiegelman. 1987. "Bonuses to Workers and Employers to Reduce Unemployment: Randomized Trials in Illinois." *American Economic Review* 77:513–530.

图书在版编目(CIP)数据

不确定世界中的公共政策 : 分析和决策 / (美)查尔斯·F.曼斯基著 ; 魏陆译. -- 上海 : 格致出版社 : 上海人民出版社, 2024. -- (格致方法). -- ISBN 978 -7-5432-3609-7

Ⅰ. D0

中国国家版本馆 CIP 数据核字第 20243R17F0 号

责任编辑　程筠函
装帧设计　路　静

格致方法·社会科学研究方法译丛

不确定世界中的公共政策:分析和决策

[美]查尔斯·F.曼斯基 著

魏陆 译

出　　版　格致出版社
　　　　　　上海人民出版社
　　　　　　(201101　上海市闵行区号景路 159 弄 C 座)
发　　行　上海人民出版社发行中心
印　　刷　浙江临安曙光印务有限公司
开　　本　635×965　1/16
印　　张　12.25
插　　页　2
字　　数　171,000
版　　次　2024 年 10 月第 1 版
印　　次　2024 年 10 月第 1 次印刷
ISBN 978 - 7 - 5432 - 3609 - 7/C·320
定　　价　62.00 元

上海市版权局著作权合同登记号:图字 09-2024-0644

格致方法·社会科学研究方法译丛

不确定世界中的公共政策：分析和决策

［美］查尔斯·F.曼斯基　著　魏　陆　译

过程追踪法：基本原理与指导方针

［丹麦］德里克·比奇　拉斯穆斯·布伦·佩德森　著　汪卫华　译

质性研究分析与诠释：访谈之后

［美］查尔斯·瓦诺弗　保罗·米哈斯　约翰尼·萨尔达尼亚　主编
秦　静　施文刚　译

社会科学概念与测量（全新修订版）

［美］加里·格尔茨　著　宋天阳　译

重思社会科学研究：不同的工具、通用的标准（第二版）

［美］亨利·E.布雷迪　戴维·科利尔　主编　韩永辉　谭舒婷　译

两种传承：社会科学中的定性与定量研究

［美］加里·格尔茨　詹姆斯·马奥尼　著　刘　军　译

社会科学中的研究设计（增订版）

［美］加里·金　罗伯特·基欧汉　悉尼·维巴　著　陈　硕　译

比较方法：超越定性与定量之争

［美］查尔斯·C.拉金　著　刘旻然　译

定量研究中的稳健性检验

［英］埃里克·诺伊迈耶　［奥］托马斯·普吕佩尔　著
韩永辉　谭　锐　译

多元方法社会科学：定性和定量工具的结合

［美］詹森·西赖特　著　王彦蓉　余利青　译

质性研究技能三十项

［美］约翰·W.克雷斯威尔　著　王锡苓　译

混合方法研究导论

［美］约翰·W.克雷斯维尔　著　李敏谊　译